人生を踊るように生きて行こう

〈更年期なんて こわくない！〉

横森理香

方丈社

人生を踊るように生きて行こう

第3章　四十代からのワークバランス

第4章　大人女子を綺麗に見せるオシャレ

第5章　人と会い、人生を分かち合おう！

ブックデザイン
アルビレオ

イラストレーション
花岡道子

まえがき

若い頃はこうじゃなかったのに……。

年齢とともに、気分がふさぎ込み、楽しい毎日とは縁遠くなっていませんか？

いつも心身の調子がどこか悪く、仕事や日常生活も苦痛に感じてしまったり……。あるいは、もういっぱいいっぱいになるまで頑張って、働いて、壊れる寸前の方も、いるかもしれません。

私も、大好きな物書き稼業を生業としていますが、三十代で不調を感じ、ヨガやベリーダンス、ピラティスを始めました。運動不足が解消されると、心身とても調子が良くなるのを、身をもって体験したのです。

中でも、ベリーダンスの健康効果は物凄いものがあり、嵌りました。十年アメリカ人ダンサー、ミッシエルに師事し、八年前『横森式ベリーダンス健康法』を上梓、健康と幸せ感だけのためのベリーダンスを教えるようになりました。

これはショーのパフォーマンスとは別物。本来の踊りとは、一生懸命テクニックや振り付けを覚えて、綺麗な衣装を着て、誰かにカッコイイところを見せるものではなく、自分自身に戻るもの。天と地、生命の根源みたいなところに繋がるもの。生命力を高め、生きていくためのツールなのです。

深い呼吸とストレッチ効果でリラックスし、コアマッスルも鍛えられる。という肉体的効果のみならず、精神的効果が踊りにはあるのです。無心になって肉体と音楽に向き合い、日々の「厄落とし」のような役割が踊りにはある。

ベリーダンスは臍下丹田を中心に動かす円、八の字というベーシックムーブが、神秘の力を持っているのではないかと思います。

実際、私のクラスに参加した多くの人が、

「こんなにいいと思わなかった」

と、その健康効果に驚くのです。多忙を極める四十代のキャリアウーマンも、

「ベリーダンスはちょっと……」

と毛嫌いしていましたが、あまりの不調に重い腰を上げ、クラスに参加したら、

「三日ぐらいすごく調子が良かったんです!!　マッサージやエステでは、こんなに効果は感じられませんでした」

と、嬉しい感想をいただきました。

私の「ベリーダンス健康法」は、踊ったことがない、踊ろうと思ったこともない、とい

う方に、踊る楽しさとその健康効果をお伝えするもの。主婦や知的職業の方が多く、日々のストレスを発散する場となっています。

本書では、誰でもおうちで実践できる、「ベリーダンス健康法」のベーシックムーブをイラスト付き（『横森式ベリーダンス健康法』から抜粋）で紹介しながら、人生を重く暗く考え過ぎるのではなく、〝踊るような気持ちで〟軽々と生きていけるよう、指南いたします。

ライフスタイルや食生活を健康的なものに変え、年齢に負けない心と体作り。そして気が向いたら、仕事や家事の途中、本書を参考にベリーダンスのリチュアルやベーシックをやってみましょう。

私の主宰する「シークレットロータス」のセラピスト（三十八）が、家でこれをやるようになったところ、生理痛がなくなり、生理の量も適正になったといいます。子宮筋腫や卵巣嚢腫があり、痛みと量がハンパじゃなかったと。

そしてサボると、また以前と同じになってしまうので、

「これだけは休めない」

と。彼女も、人前で踊るのは恥ずかしいタイプで、

「あくまでも健康法としてやっています」

と主張。「ベリーダンス体操」なのです。

それでいいと思います。気持ちが入るともっと心身の健康効果は高まりますが、形だけでも肉体的運動効果はありますから。まずは、始めてみることです。

最初の一歩は、とても小さいものかもしれません。体も固まっているし、動かすことも難儀でしょう。でも、一歩一歩少しずつ続けていれば、やがて体調が良くなり、やる気が出てきている自分に気づくでしょう。

ここが、大切なのです。体調が良く、やる気さえあれば、どんなことにも対処できます。幸せか幸せじゃないかは、置かれた状況ではなく、本人の心持ち次第ですから。心持ちが変われば、目の前の状況も変わってきます。

踊らなくてもいいんです。〝踊るような気持ち〟で生きていきましょう。私の師匠はいつも、

「スタジオで踊るだけがダンスじゃない。生活の中にダンスはあるんだ」

と言っていました。

生きている毎日の暮らしが一つ一つ、ダンスなのです。どんなふうに踊るかは、あなた次第。倒れる瞬間もあるかもしれません。でもまた、綺麗に立ち上がって踊るのです。

もうダメか、と思うこともあるでしょう。でもまた、不死鳥のように蘇って、生きるのですよ。その気持ちがあれば、奇跡は起こせます。魂が喜ぶ肉体の管理をし、魂が喜ぶように生きていく。そうすれば、死ぬまで幸せに生きていけます。

あなたのハートに聞いてみてください。ハートの奥に魂があり、そこは宇宙と繋がっているのです。

ベリーダンス♥リチューアル

（天と地とつながり、浄化する儀式です）

全身

①足を肩幅に開く。息を吸いながら足裏から地の気を吸い上げ、体を通って手の先から天に送るつもりで、両手を両脇を通って頭上に高く上げ、息を吐きながらつま先立ちをする。同時に両脇を天井に向かって伸ばす。

②息を吸いながら、天のエネルギーを引っ張り体の中を通すつもりで手をウエストまで下ろす。吐きながら手をさらに下に、膝をゆるめて足裏から地にそのエネルギーを流すつもりで送る。

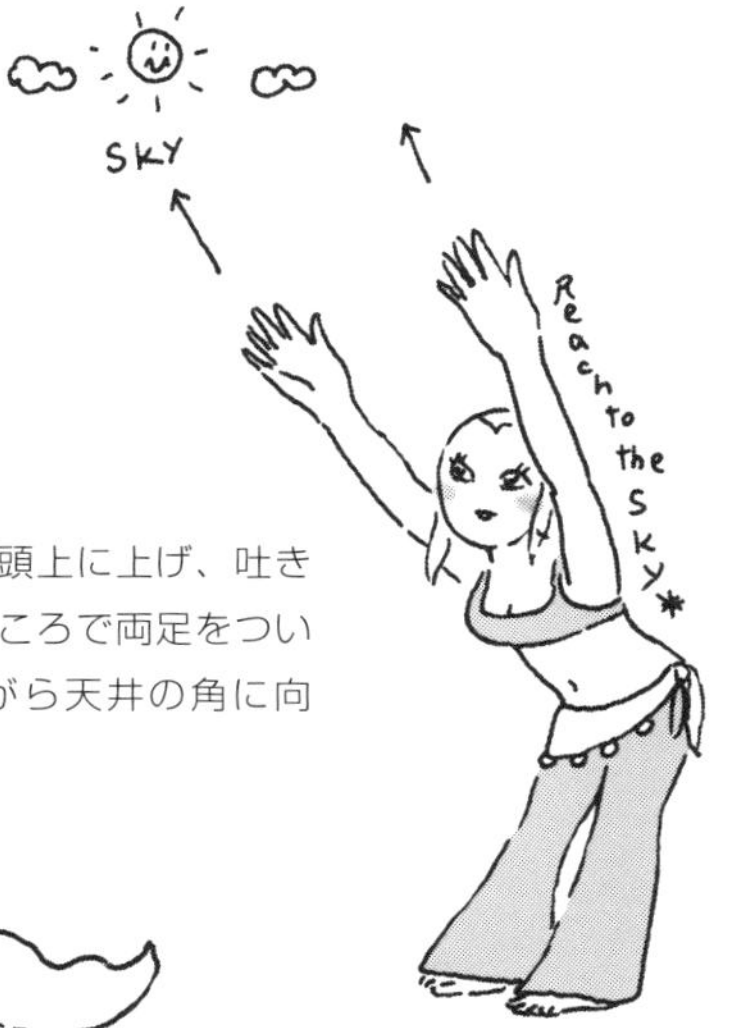

③再び息を吸いながら両手を頭上に上げ、吐きながら伸びる。吐ききったところで両足をついて息を吸い、今度は吐きながら天井の角に向かって伸びる。

④息を吸って吐きながら、床と平行に両手を伸ばす。その後、息を吸って吐きながら床に手をつく。

背中と両脇

①13ページの④で腰が十分に伸びたら、行きを吸って膝を曲げ、吐きながらゆっくり起き上がる（尾てい骨から1本1本背骨を起こすように）。頭はいちばん最後。

②再度つま先立ちで、息を吐きながら天に向かって伸びる。呼吸をしながら、天井の角に向かって伸びる。

③さらに水平線に向かって伸びる。

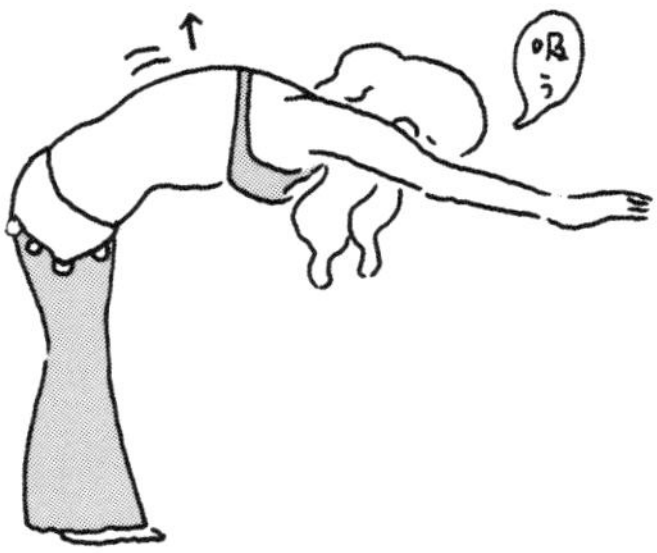

④前に伸びた両手をちょっと合わせて、そのポジションのまま、息を吸いながら背中を丸める。

⑤そして吐き続けながら軽く反る（ゴキッといかないように気をつけて）。息を吸うときに肩甲骨を広げるように意識して送り込み、吐くときはおなかを引っ込めて、両脇から両手を引っ張るようにして先へ先へ伸ばす。これを2回繰り返す。また息を吐きながら両手を床につき、リラックス。

おしり

①床についた両手で左右に歩く。こうすると、おしりの両脇が伸びる（両手が床につかない場合は、息を吐きながら、ゆっくりぶら下がった上半身を左右に移動させる）。

②中央に戻ったら、息を吸って吐きながら、背骨を1本1本起こす。おなかを引っ込めて呼吸とともに行うことが肝心。

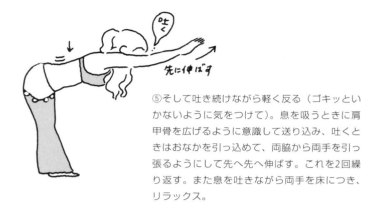

第1章
美しく齢を重ねるライフスタイル

1 早寝早起き、足マッサージ

一生踊り続ける、また、人生を踊るような気持ちで軽々と生きていくには、まず体調が良くなければいけません。

健康の大原則は、

●栄養
●休養
●運動

しかしこれをちゃんと実行できている人は少ないと言えるでしょう。

できない理由については、みなさん諸事情おありでしょうが、要は「言い訳」です。やろうと思ってできないことは、実はあまりないのです。

私も、三十代中頃まで昼夜逆転の生活を嬉々として続けていましたから、

「昼日中に物書き稼業ができるわけない!!」

と思っていました。

が、子宮筋腫を自然治癒させたい（開腹手術は受けたくない）、不妊治療なしに子供が欲しい、という夢があったので、泣く泣く早寝早起き生活にチェンジしたのです。

半年かかりましたね。時差ボケと同じで、三十分ずつ、寝る時間を早めていくのですよ。で、どうなったかというと、子宮筋腫はそのまま、そろそろ閉経です。三十九歳のとき自然妊娠、自然分娩した子供は十四歳になりました。

早寝早起きの恩恵はそれだけではありません。五十三歳にして、先日、道行く三歳男児が、

「おねえちゃ〜ん」

と言って嬉しそうに近づいてきたのです。ママは二十代でした。

「可愛い子だネ！」

と言った私は確かにオバチャンでしたが、見た目には、男児をごまかせるぐらい、若いのです。

実は、早寝早起きは若返りの秘訣でもあるのです。特に、夜の十時から夜中二時まで熟睡していると、成長ホルモンがよく出て、若返る。この時間帯はアーユルヴェーダでも、

●自然治癒の時間

とも言われ、体の悪いところを自然治癒力が勝手に治してくれる時間でもあります。

その際、空腹で寝ていることが肝心。だから夕食は就寝三時間前と言われているのです。おなかがいっぱいの状態だと、寝ている間にも体は消化活動をしているわけで、休まらないし、自然治癒に回すエネルギーはありません。

「老化」は体の「酸化」、つまり、軽い「炎症」です。アンチエイジング食品として「抗酸化作用」の強いものが取り上げられますが、まずは自力で「抗酸化」する。それは、「早寝早起き」なのです。

早寝早起きすると内臓の炎症も治っていくし、お肌のトラブルもなくなります。内臓の炎症は、軽いものなら自覚症状がないうちに治まってしまうので、まさに未病を防いでくれるのです。

何時ぐらいに寝るといいかというと、九時までには就寝したほうがいい。私は八時過ぎにはベッドに入るようにしています。そうなると、全てを前倒しでしなきゃならないので、毎日が充実します。

夕方六時には夕飯、七時にお風呂、ヘアドライやスキンケア、後片付けも済ませて八時頃には寝る支度です。まだ眠くないときはベッドで本を読んだりスマホを見たりもしますが、ほどなく眠くなってしまいます。

早寝早起きは習慣なので、習慣化しさえすれば楽に寝られます。夜九時に寝てしまうと、朝五時にはパッと目が覚め、スッキリと起きられます。八時間睡眠が私にはちょうどよく、毎日元気いっぱいに生活できます。

七時間～八時間寝ると、太りにくくなるという研究結果も出ているといいます。私はダイエットをしない主義なので、毎食おなかいっぱい食べたいものを食べて、太りもしなければ痩せもしない、という生活を、もう二十年近くも続けているのです。早寝早起きをしてから太りにくいので、ダイエットもやめました。

五十三歳の今、色んなエステティシャンにも、肌の張り艶がこの年の人のものではない、と太鼓判を押されます。それは、ほかならぬ「早寝早起き」のおかげなのです。

早寝早起きは、ホルモンバランスも整えてくれます。自立神経系のバランスも整えてくれるので、更年期症状も軽くなるでしょう。私は一年ほど前から生理不順とホットフラッシュが始まりましたが、桂枝茯苓丸とエクエルぐらいでやり過ごせる状態です。

体のどこにも悪いところがない、痛いところ、痒いところがない、というのは、それだけで「幸せ」。年を取れば取るほど、実感します。

こんな私でも、五十を過ぎた頃から、足腰が痛くなることがたまにあります。「加齢」は、誰の元にもやってくるんですね。それから、新習慣として身につけたのは、「足マッサージ」。

足は体の全体重が、立っている限り乗るところなので、まず朝起きて立ち上がる前に、足マッサージしてあげるのです。こうすることで、足を使いやすくすることができる。つまり、痛くならないで済むのです。

人は、太古の昔「土を踏んで歩いていた」ので、手と指先を握手させ、そのような形にするのです。

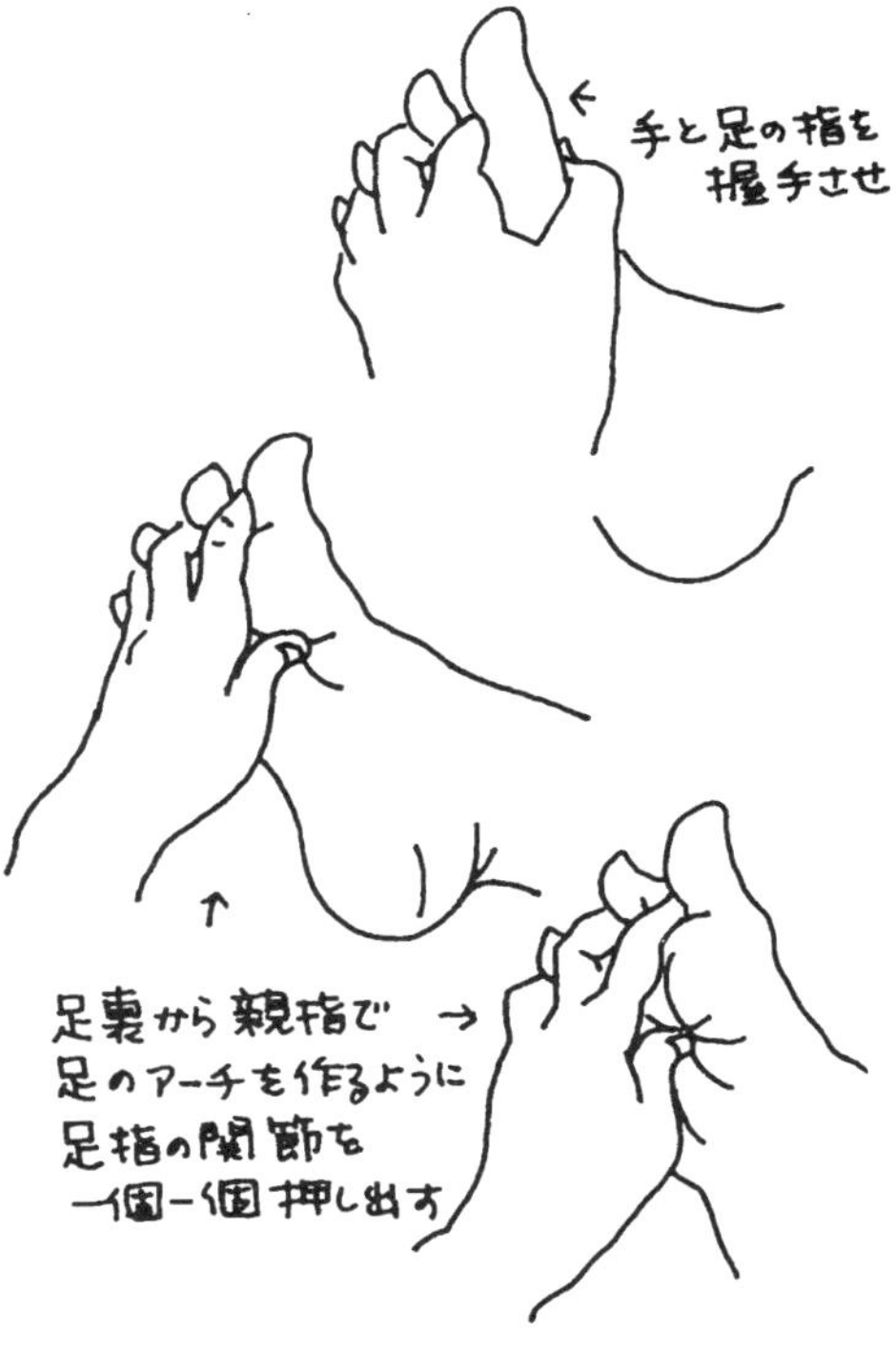
手と足の指を
握手させ
足裏から親指で
足のアーチを作るように
足指の関節を
一個一個押し出す

2 朝のストレッチ習慣

加齢とともに足腰の痛みが出てきます。五十二の時、足底の痛みを克服した(わずか一カ月で!)足マッサージとともに、私がベッドで起き上がる前にやっているストレッチをご紹介します。

朝は、長時間寝たあとなので、実は体が固まっています。寝返りを打っているから大丈夫、というのは若いときだけ。そして若ければスックと立ち上がっていきなり歩き始めても故障は起きないのですが、五十以降、人によっては四十代から、〃朝の家の中での故障〃が増えてくるのです。

●階段を下りるときには覚醒した状態に

なにせ朝は起き抜けなのでぼーっとしています。脱力状態で階段など降りた場合、足腰に故障が起きてしまうケースが多いのです。目も見えづらくなってくるので、うっかり踏み外さないよう、細心の注意が必要です。

●毎日のストレッチを習慣にするには、朝起きた時、布団の中でが一番！

床の中で仰向けに寝たまま、まず呼吸を深くします。ゆっくり吸って、ゆっくり長～く吐きながら、手首足首をぐるぐる回します。右回り、左回りと、回しているうちに、目が覚めてきます。

そしたら、手と足のグーチョキパーをします（図を参照）。手足の指が一番心臓から遠く、寝た後は血流が悪くなっています。更年期には指先が痺れるなどの症状が出てくる人もいますが、グーチョキパー体操で血行を良くすれば、ほどなく改善されるでしょう。

次の体操は、「ねじりのポーズ」。膝を立て、片方の膝に反対側の足をひっかけて、ひっかけた足のほうへ倒します。左右しましょう。息を吸って、吐いたときに倒す。これはヨガのポーズですが、布団の中ですると楽にできます。

ヨガも、四十代中盤までは、わざわざヨガマットを床に敷いて、きっちりストレッチが効くようにやる気力がありますが、どんどん面倒になってきます。それで、まったくストレッチをしないでいると、足腰痛くなってしまうのです。

三番目のストレッチは「猫の背伸び」。正座の状態でうつ伏せになって、両手をぐーっと前に伸ばします。息を吸って、吐きながらぐぐ〜っと伸ばしましょう。何回かすると、肩甲骨回りもほぐれますよ。

四番目のストレッチは、四つん這いになって、息を吸って背中を反らし、吐きながら背中を丸める。ポイントは、決して腰で反らないように、背中と胸を反らせるようにすること。息を吐いたときはおなかを縮め、おなかの力で背中や腰を内側から押し上げるようにすることです。

●腰を守るには腹筋を引き締めておくこと

背中と胸回りは、みなさん思っている以上に固まっているので、呼吸とともに少し動けばいいぐらいです。腰は女性の場合、柔らかい人が多いので、腰で動いてしまうと壊します。おなかはいつも、引き締めておいてください。

最後のストレッチは、このポーズのまま手首を反対向きにして、無理のない範囲でお尻を踵に近づけます。息を吸って、吐きながら行います。

手首も思った以上に固まっていますので、最初は痛いかと思います。でも、毎日続けていくと、次第に痛くなくなってくる。特にパソコンで仕事をしている方は、続けるといいですよ。腕肩が楽になってきます。

こうやって関節回りを柔軟にし、ベッドの方ならベッドに腰掛けて、お布団の方は座っ

て足マッサージをしてから、立ち上がる。寝室が階上にある方は、

●階段を下る時はおなかを引き上げて

これがポイントです。臍下丹田に力を入れ、骨盤底筋を吸い上げるようにすると、膝や足に負担がかからなくなります。全身の重みを少しでも自分の力で引き上げておくのです。

骨盤底筋は、股の下にネットのように張られている筋肉ですが、閉経後は三分の一の薄さになってしまうそうです。そのため、女性は尿漏れなどの危機にさらされるわけですが、筋トレをすれば問題ないです。

お産の経験がある方は、産後、助産師さんから「骨盤底筋体操」のプリントを渡されたかもしれません。それを思い出してみてください。経験のない方も、

●息を吸って、吐きながら、お尻の穴と膣をすうっと中に吸い込むようにする

といいでしょう。「ティッシュを一枚はさんで引き上げる」イメージと教えてくれたのは骨盤底筋ヨガの先生ですが、このほうがイメージしやすい方はこちらでどうぞ♡

いずれにせよ、骨盤底筋を引き上げ、臍下丹田は引き締めておく。これで腰を守れます。

太極拳でも「収腹」という言葉があるといいます。まずおなかを収めて、というのが武術でも基本なのです。

ベリーダンスも同じです。まず、膣と肛門を引き上げて、臍下丹田を引き締める。こう

すると、膝は自然に緩みます。これで腰が安定し、様々な動きで踊っても、腰や膝が痛くならないで済むのです。

膝腰痛くしちゃうと、何週間かは生活が不自由ですからね。踊るどころの話ではなくなってしまいます。痛いところがあると、行動が制限され、なにより不愉快です。日々をアクティブに生きるには、痛みの予防が肝心なのです。

今は座業の方が多いですから、仕事中にも、一時間に一度のストレッチが必要と言われていますが、集中しているとそれもままなりません。忙しくて呼吸も浅くなっています。なので、せめて一日をスタートする前ぐらいは、体と呼吸に目を向けて、ゆったりとストレッチ&マッサージで体を労わってあげましょう。

足指じゃんけん

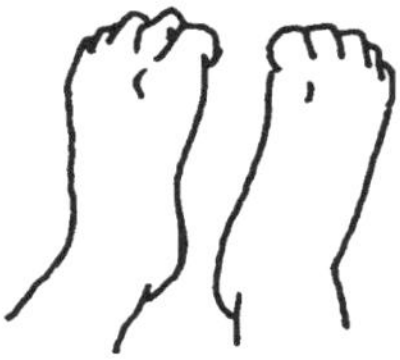

①グー（足の指を思い切り内側にまるめる）。

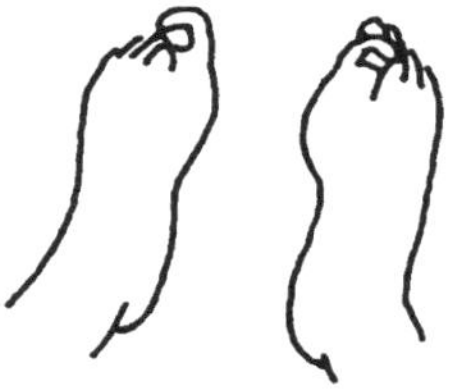

②チョキ（足の親指だけを上に反らせ、ほかの4本の指は下に）。

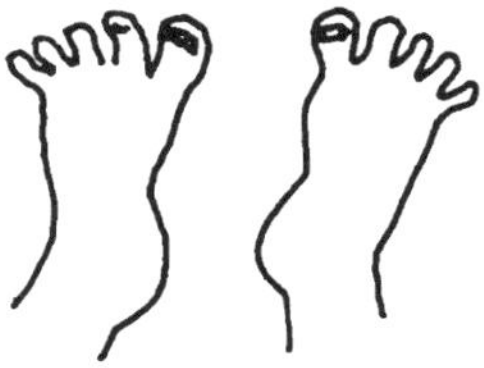

③パー（5本の指を思い切り左右に開く）。

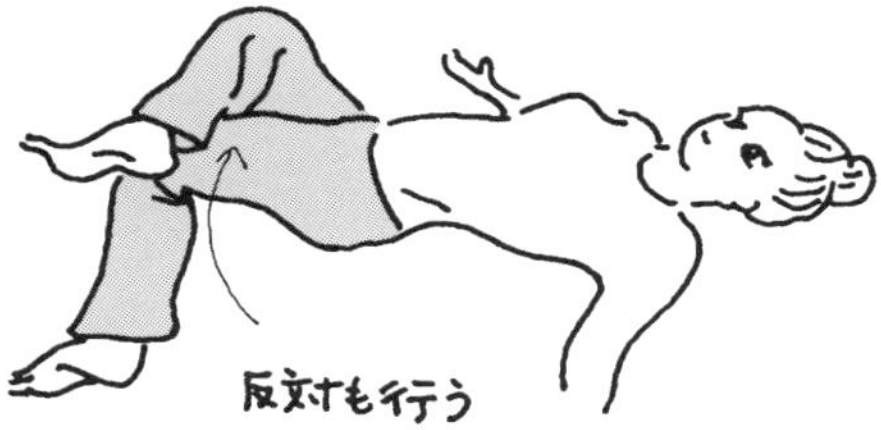

ねじりのポーズ

①仰向けに寝転び、膝を立てます。息を吸いながら片方の足の膝に反対側の足の踵を乗せ、息を吐きながらかけた方の足の側に両足を倒します。反対側の足も同様に行います。

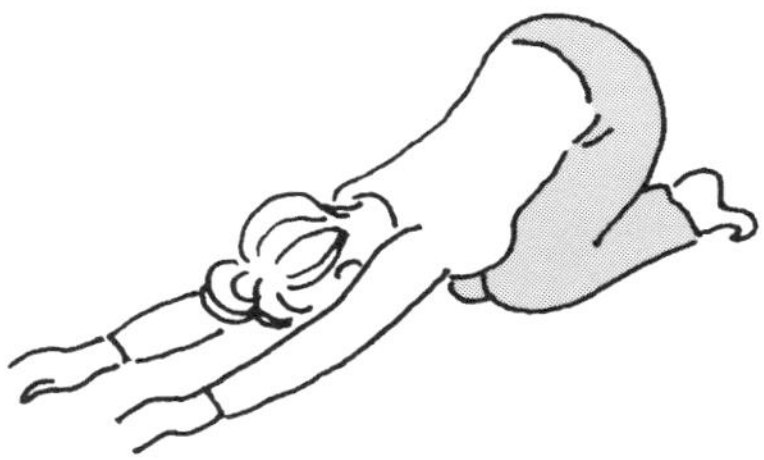

猫の背伸び

①正座の状態でうつ伏せ。息を吐きながら両手をできる限りぐーっと前に伸ばします。肩甲骨周りがほぐれたと思うまで数回繰り返します。

おなかと背中のストレッチ

①四つん這いになります。息を吸いながら背中を反らします。反らす時は、胸を意識して背中と胸全体で反るようにします。

②息を吐きながら背中を丸めます。その際に吐ききった息の分だけ肩から背中、腰が持ち上がるようなイメージで。

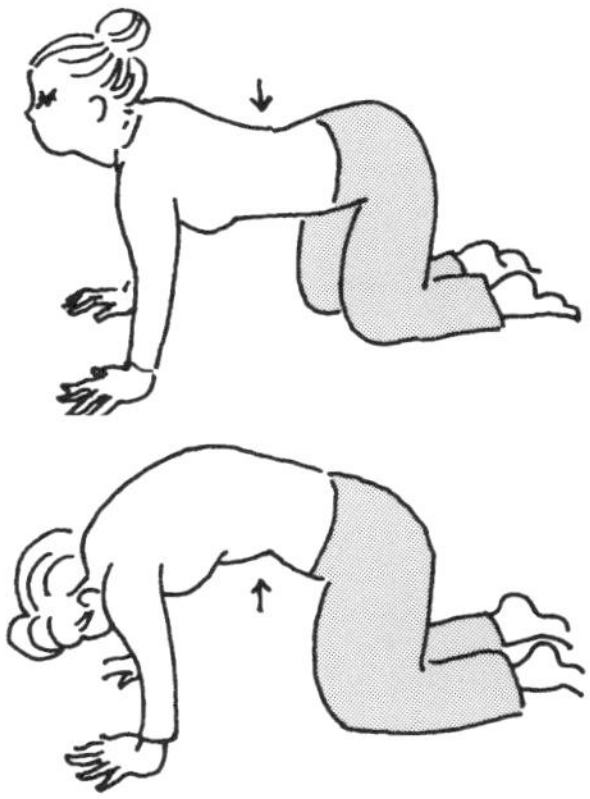

最後のストレッチ

①四つん這いになります。その際手首を自分の足側（つまり手首が返るように）にします。息を吸います。吐きながらおしりを徐々に踵に近づけます。手首周りが硬い人は無理をしない程度で。毎日繰り返すことで徐々に可動域が広がります。

3 ぎっくり腰予防法

五十二の春、初めて「ぎっくり腰」なるものになりました。それも、一カ月おきに二回!!

「ぎっくり腰は癖になる」と言われているので、そうなっちゃったら嫌だなぁと思い、三度はならない術を編み出しました。

思い返せば、軽いぎっくり腰はそれ以前（四十代）にもやっていて、自覚がないだけだったのです。ヨガのねじりのポーズをやり過ぎちゃったのかと思っていましたが、さにあらん。

問題の箇所は、いつも左の腰でした。体の癖で痛くなるところは人それぞれでしょうが、私の場合、決まって家で気を抜いているときに起こります。多くの「ぎっくり腰」経験者も、実はそうなのではないでしょうか。

●気を抜いているとき＝腹筋がゆるんでるとき

過去の生活行動を検証すると、家ではリラックスしているので、おなかに意識がいってないときがほとんど。特に家事や趣味の園芸などしていると、作業に夢中になり、グキっとなるまで気づきません。

●かがんで何かをしているときが要注意

ぎっくり腰というと、重いものを持ち上げるときになるとよく言われていますが、人は重いものを持ち上げるときは気合が入っています。そうでないときのほうが実はヤバイのです。

私の場合、一度目はお花見会で酔っぱらって（つまりどこでなったか覚えていない）、翌朝起きたら腰が起き上がれないほど痛くなっていました。二度目は、なんと野菜室からレタスを取りだそうとしたときです。

ぎっくりの度合いにもよりますが、最初は動かさないほうがいいそうです。一週間ほどすれば自然治癒すると言われていますが、痛みに耐えきれず、ヒーラーの遠隔治療と、整体にも行きました。

ここで、上手い先生にズレを治してもらえればラッキーですが、下手な整体師にかかってもっとひどくなり、入院したという人もいます。鍼灸にも行きましたが、あまり効果はありませんでした。

結局、一週間～二週間は痛かったでしょうか。「ぎっくり腰」は、ならないのが一番なのです。さすがに何をしても痛いので、その間に家の中での色々な危険行動を見直しました。

まず、冷蔵庫の野菜室や、食材をしまっている低い引き出し、また床から何かを持ち上げる、取りだすとき、必ず丹田に力を入れる。つまり、おなかを引き締めて行うのです。いちいち面倒ですが、癖になってしまえば無意識にできるようになります。腹筋のトレーニングにもなります。

たとえ軽いものでも油断は禁物。スーパーの軽いレジ袋で、なっちゃった人もいますから。

もう一つは、床の上に落ちたものを拾う、お掃除などで低いところの作業をするときは、膝をついて行うこと。

これは、お茶のお稽古で学んだ所作が役立ちました。玄関で草履を揃える際、美しいから膝をついてするのだなと思っていましたが、なんと、「ぎっくり腰予防」だったんだなと、その道の奥深さを知りました。

現代日本人は畳の生活をしていないので、床から立ったり座ったりという生活行動があまりなくなっていますから、その手の筋肉が衰えています。なので、ふとした拍子に「ぎっくり腰」なんてやっかいなものになってしまうんですね。

もう一つは、シャンプー＆ヘアドライのときです。座って行っていれば問題ないのですが、立ってシャワーで流すとき、かがみますよね。この際、おなかがたるんでいると、「ぎっくり」を誘発します。

野菜室からレタスを取りだすとき気づいたのですが、私、ここ数年、シャンプーの際、おなかが重力に従って面白いように垂れるなぁと、面白がっていたのです。

レタスを取りだしたときも、おなかが下に垂れ、左腰が内側から引っ張られた感覚を覚えました。分かっているならやるな、という話ですが、やっちまって初めて気づいたので、この本を読まれた方は、今日からおなかは引き締めてください。シャンプーのときも、気を抜いてはいけません。

特に、パソコン仕事などで首肩固まっていると、そこは曲げにくいので、腰で動いてしまう。だから壊しやすいとも言えるのです。柔らかい腰は、自分の腹筋で守ってあげるしかありません。

ヘアドライするときも、立って屈んで後ろの毛を乾かす際、できるだけ胸と首筋を屈めてやりましょう。座ってやるときも同じです。おなかは引き締めて。胸と首筋のストレッチも兼ねられるので、お得です。

おなかの引き締め方は、二カ所あります。ピラティスではアンカーポイントと言われているところですが、

●丹田（下腹）

●鳩尾（横隔膜の蝶番ら辺）

鳩尾は特に意識しづらいところかもしれませんが、日々行っているうちにできるようになってきます。最初は、息を吸って、吐くときに肋骨を両手で内側に寄せるようにするといいでしょう。

分からない場合は、とにかく丹田だけでも引き締めて♡

4 趣味、お出かけ等の健康的な生活習慣

四十代以降、元気に楽しくイキイキと生きたかったら、一日一回はお出かけをすることです。

お勤めの方や、自宅で人前商売をされている方はいいのですが、私のような居職の方、また専業主婦の方は、自分で機会を作らないと籠りがちになってしまいます。家に籠りがちになってしまうと運動量も減り、誰にも会わないと気分もウツウツとしがち。

外に出かければ見慣れないものも見、風景も楽しめます。少しでも歩けば全身が活性化されるし、趣味の何かを学ぶため、あるいは運動不足を解消するため何かのお教室に出かければ、知らない人とお喋りする機会もできる。

取材でお世話になったアンチエイジングドクター和田秀樹先生によると、老化は四十代から始まり、まず前頭葉が委縮し始めるそうです。老齢医学専門の精神科医でもある和田先生は、脳の研究もされています。

前頭葉は主に「感情」を司っているところなので、頑固になったり、怒りっぽくなったり、落ち込んだら落ち込みっぱなしと、感情のコントロールが難しくなってくるのは「前頭葉の老化」のせいなのですって。

ここを活性化するには、新しいことを意識してすること。知らないところに行ったり、新しいことを学んだり、覚えたりというのも、苦手な年齢になってきたからこそ鍛える意味で、始めたらいかがでしょう。

●やったことのないことをすることで、前頭葉を活性化

私も、もともと電子機器が苦手で、スマホやSNSは敬遠してきましたが、世の中がそれ主体になってくると無視できなくなり、三年前とうとうデビューしました。

いまだに、娘に教わりつつ、よちよち使っているのですが、これはこれで面白いのです。なにせ便利ですしね。スマートフォンというだけあり、カメラ、電話、メール、パソコン、音楽、動画、連絡先、メモ、万歩計、と、必要なものがすべて入っているのですから。

多くの人がパソコンを開かなくなった今、私も原稿を書くときはパソコンを開きますが、あとはもうスマホです。編集者ともラインでやり取りしています。仕事や、主宰するコミュニティサロン「シークレットロータス」の窓口はGmailをスマホで見られるようになっているので、移動中でも連絡が取れます。

なんて便利な世の中になったんだろうと思う半面、あまりスマホに夢中になって、「スマホ肩」になるのもよろしくないなと思います。ずっと光を見ているわけで、目にも悪いですからね。ブルーライトは脳を覚醒してしまうので、安眠の妨げにもなりますから、夜は見ないほうがいい。

でも、「電磁波が気になる」とか「旧式の人間なので」とか言って、拒否し続けると生活が不便になってしまいます。今の状況は、かつて私が意地張って、携帯電話デビューしなかった頃に似ています。公衆電話もどんどんなくなっていた頃……。文明の利器は短時間で上手く使うのがコツです。

使い方が分からないという方は、若い人、あるいは年配でもやたらとこの手に詳しい人に、教わるといいですよ。私は高年齢出産で産んだ娘が十四なので、周囲の独身女性たちにも娘を使ってもらっています。若い人達と交流したり、新しいことを学ぶと、前頭葉も活性化するでしょう。

すでに、それどころじゃない、

「具合が悪くて家から出られない」

という方は、まず病院か治療院に出かけることをお勧めします。私も、過去五年ぐらい、更年期と婦人科系の不調で、家から出られないぐらい具合の悪いときもありました。でも、良くなるために〝出かける〟ことで、少しずつ回復していったのです。

●出かけて、人に会うことが元気になるには重要

出かけるとなったら、とりあえずパジャマじゃ無理なので、身なりを整え、女性ならば最低限のヘアメイクを施すでしょう。それで気分もアップする。面倒でも必要に駆られてするのがいいのです。

●身なりを整えると気分もＵＰ！

前出の和田先生も、四十代以降は肉体的な病気の心配より、心の病気の心配をしたほうがいいといいます。四十代以降自殺者は増える傾向にあり、その多くは鬱病を患っているのです。その原因は、脳の老化＝委縮だと。気持ちを元気に保つことが、なにより重要というわけです。

●体と心はひとつ

ということを念頭に置き、まず、体にどこか具合の悪いところがあったら、治すことから始めましょう。

私も以前は病院嫌いでしたが、五十一の時、卵巣嚢腫の破裂を起こしてから、婦人科の定期検診だけは欠かしません。近所にかかりつけ医を見つけることも、これからを元気に生きていく秘訣です。

最近では更年期外来もできていますし、病気ではないけど不調を感じるなら、一度受診してもいいかもしれません。専門家と話しただけで安心する、ということもありますから。

●徐々に健康度をUPしていく

病気が治ったら、今度はもっと調子を良くするために、お気に入りの治療家や整体師、鍼灸師、セラピストやボディワーカーを見つけましょう。

体調が整ったら、今度は美容度UP♡　エステティシャンやネイリスト、ヘアスタイリストとのお喋りも楽しいでしょう。

5 MBTでウォーキングデビュー！

四十代以降は加齢で筋量が減り、ぎっくり腰なども起きやすくなると、整体の先生に教わりました。よって今まで以上の運動を、さらに、

●運動の質と量を変えてあげる

ことが必要なのだと。色んな筋肉を鍛えるため、苦手な運動もすべきだと。そしてやはり、運動の基本はウォーキングだとも。

歩く、走るが苦手な私。大きい公園の近くに住んではいるものの、自転車で通り過ぎ緑を堪能することはあっても、走ったり、歩いたりしたことはありませんでした。が、ぎっくり腰を二度経験し、あんな痛い思いをするなら歩いたほうがいい、という結論に達したのです。

まずは、ウォーキングシューズを買うにあたって、かつてこの本の担当編集者Tが、もっこりした形の変な靴を履いていていて、

「これ、ＭＢＴっていうんですよ。歩くだけで全身運動になる」

と自慢していたのを思い出しました。

「私ら運動の時間を取るのも難しいんで、移動中に運動できればと」

その頃はまだ私も四十代。ヨガ、ベリーダンス、ピラティスで運動は足りていたので、一足三万円近くもするウォーキングシューズは、自分には必要ないものと思っていたのですが……。

歩くにあたってモチベーションを上げるため、私は自宅至近のＭＢＴ自由が丘店に赴きました。お店のスタッフもフレンドリーで、

「私も三十代でぎっくり腰三回やっちゃって、ＭＢＴに出合ったんですよ。その後は全く腰も痛くなんないので、人生が変わりましたね」

なんて話をしてくれました。

色んなタイプのＭＢＴを履いてみたものの、スニーカータイプのものは私のワードローブに合わないので、ちょうど、バーゲンで一万円台になっていた黒い革製のベルトが付いているＭＢＴを購入しました。中敷きはチェリーピンクで、玄関に置いてあってもオシャレ。

「これだったら毎日履けそう。毎日履いたほうがいいんですよね？」

「ええ、最初の一週間は十五分程度のウォーキングから始めて、徐々に伸ばしていくんです。半年間は可能な限り毎日ＭＢＴを履いていただきたいんです」

ＭＢＴはマサラ・ベアフット・テクノロジーの略。マサイ族が裸足で土を踏みしめて歩くような歩行ができるように設計されているんだそうです。土踏まずのところに山形のものが入っていて、前後にコロンコロンするような感じ。わざと不安定な歩行にすることで、コアが鍛えられ、足腰の筋肉も強くなるんだそうな。

「わ〜、コロンコロンして面白い〜」

膝をゆるめて前後にコロンコロンする準備運動も教わり、あまりの履き心地の良さに、そのまま履いて帰ってしまいました。

その後、お店主催の無料ウォーキング教室に何度か参加し、正しい歩き方を学習。自分でも復習がてらちょっと歩いてみました。代官山駅からロータスまで徒歩十五分、ロータスから恵比寿駅まで二十分。

最初は、二十分ほど歩くと股関節に違和感を覚えたりしたのですが、次第に長時間履いても大丈夫なようになり、二週間後にはお店主催のウォーキング会で、一周二キロの駒沢公園を歩けるほどに進歩。しかし、自分一人でわざわざ公園一周したのはたったの一回でした。

やはり、歩くのが好きじゃないと、あえてウォーキングに出かけるのは難しい。なので日常のお出かけの際、必ずMBTを履いて出かけるしかないのです。暑くなってからは夏用のサンダルも購入しました。

靴に合わせて洋服も購入、観光の際にも履いていき、数カ月後には一日九千歩から一万五千歩も歩けるようになってしまったのです！

とはいっても、いつもは一日数千歩しか歩いていないのですが、体調はますます良く、以前ほど太りやすくもなくなった気がします。腰も、あれ以来痛くなっていません。

MBTに限ったことではないのですが、年を取ると、普通の靴はもう足が痛くて履けなくなってしまいます。ハイヒールを履くのはドレスアップして素敵な店に食事に行くときだけ。その際、車で行って車で帰ってくるのがお約束。

ぺったんこのサンダルなら大丈夫かといったらそうでもなく、やはりビーチサンダルもおしゃれサンダルも、長時間歩くと足が痛くなってしまいます。足が板のようになってしまう状態もキツイんですね。

四十代の頃は、ドイツの健康サンダル、ビルケンシュトックを愛用していましたが、もはや、踵をちゃんと固定しない靴はNG。庭先に出るとか、車で移動して歩かないときしか、履けなくなってしまいました。

やはり、人間の足というのは、裸足で土を踏んで歩くようにできているんですね。しかし、現代の生活でそれは無理。平らな上ばかり歩いていることで、人間本来の姿勢保持安定化システムが働かなくなっていると言います。

このシステムを担っているのが、体の深部で関節の周りにある多くのスモールマッスル（小筋）。小筋は健康維持と増進に大切な役割を担っていますが、現代人はそれを使うことがなく、ほとんど活動しなくなってしまっている。それが筋、腱、関節の不快に繋がり、やがては故障に繋がってしまうのだと。

ＭＢＴのパンフレットに書いてありました。決してお店の回しモンではないですが（笑）。ウォーキング会で会った愛用者の方々（御年配）も、みなさん足腰壊されたことでＭＢＴに出会い、今は快適に過ごされているようでした。

美しく齢を重ねるには、まず、足腰痛い、はＮＧですからね。

6 ゆるい健康管理と軽い運動

美しく年を重ねるために、気をつけなければいけないのは「やり過ぎ」です。私も三十代から四十代中頃まででは健康オタクでしたが、その後の加齢速度を考えると、

●なんでもいいにしておかないと、カラダもココロもきつくなる

どうしてもオーガニックでなければダメ、毎日体重計に乗らなければダメ、甘いものは絶対に食べちゃダメ、毎日何キロ歩かなければ（走らなければ）ダメと、自分に課してばかりいても、もう若くないのでついていけないのです。

特に、親に厳しく育てられた人たちは、自分の中に、何歳になっても親の意識があり、厳しく自己管理してしまいます。でも、頑張れた若い頃と違って、だんだん体も心も言うことを聞けなくなる。

それが不甲斐なくて、もっと落ち込んだりしてしまうのです。それよりも、これからを上手く生きるコツは、

●自分を喜ばせることを選んで行う

嬉しい、楽しい、気持ちいい、という感覚は、人を細胞レベルから活性化させます。逆に我慢、辛い、厳しい、キツイは、人を老けさせてしまう。

辛いのに、食べないダイエットし過ぎている人は、はた目から見ても辛い。四十代以降は食べないことによる栄養不足も心配ですし、痩せ過ぎはシワのもとにもなります。

なにより「美味しいものを食べる」という幸福感を放棄してしまった方からは、不幸感が漂ってしまう。食いしん坊は、「今日なにを食べよう」と考えるだけでワクワクしてくるので、日々幸せです。

太り過ぎは良くありませんが、美味しいものをおなか一杯食べたあとの幸福感は、心身の健康に良いのです。ちょっと太ったなと思ったら野菜多めの食事にするとか、一食を小食にしておなかを休ませるぐらいでＯＫ。

食べないダイエットは、渇望感が食べ過ぎに繋がるので、辛い思いをした上さらにリバウンドという恐怖が待っています。なので、

●一日三食、ちょうどよく楽しんで食べる

のがコツ。運動も、ほぼ毎日小一時間の軽い運動が理想的ですが、しない日もあっていいのです。毎朝のストレッチは必須ですが、運動はできなかったからといって罪悪感を覚

えることもありません。

絶対に太らないよう、真夏でも岩盤ヨガで頑張って汗を流し、熱中症になった人もいます。健康と美容のため、そこまで頑張る必要があるのでしょうか。ランニングももう何年も流行っていますが、激しいスポーツは逆に活性酸素を増やして、老化を促進してしまうのだそうです。

●何事も、ほどほどが一番

季節によっては、だらだら怠けることも必要でしょうし、夏なんかむしろゆる〜っと泳いだほうが気持ちいい。涼しいところでヨガやピラティス、ゆったりダンスもいいでしょう。お水をちびちび飲みながら。

●水は、喉が乾く前に飲む

のがお約束。乾いてからイッキにゴクゴク飲んでも、尿として流れてしまうので、体に吸収されづらいのです。それが冷たい水ならば、体を冷やして終わり。あんまり冷たくない水を、ちょこちょこ補給するのがベストです。

私は、自宅とロータスにウォーターベンダーか置いてあり、その季節に合わせた温度に、水とお湯を混ぜています。

お水を飲み慣れていない方は、今から飲めるように訓練してください。年を取ると体の感覚が鈍るので、知らないうちに脱水症状になったりします。

我が夫はコーヒーを一日一リットルぐらい飲み、お水は好きじゃないので飲まなかったら、五十の夏、夜間熱中症なるものになってしまいました。

コーヒー、紅茶、緑茶は利尿作用があるので、すぐに尿として出てしまう。カフェインも入っているので、睡眠の妨げになります。〝お楽しみ〟として二杯ぐらい朝～昼、飲むぶんにはいいのですが、がぶがぶ水代わりに飲むのはお勧めしません。

お水ばかりで飽きたら、麦茶やハーブティがお勧めです。ルイボスティなど、ほとんど紅茶代わりになりますよ。色んなハーブティを揃えて、自分なりにブレンドしてみるのも楽しい。私の今のお気に入りは、

●カモミール、ミント、クコの実（更年期対策ブレンド）

美味しくて、ホットでもアイスでも楽しめます。

甘い飲み物は、それが経口補水液であっても、体にはあまり良くない。水かハーブティが一番なのです。それも天然水が一番と言われていますが、手に入らない場合は、浄水器を通した水道水でもＯＫ。

一日一リットル半は年間通して飲んだほうがいいといわれています。夏場は天然炭酸水を用意しておけば、清涼感を楽しめます。

●冬場は白湯にすれば飲みやすい

長年便秘で苦しんだ整体の先生のお姉さまが、先生のアドバイスで、

●朝、起き抜けに一杯の水を飲む

ようにしたら、五十代にしてすっかり便秘が治ってしまったとか。私はもう長年、朝起きぬけに水は一杯飲んでいますので、便秘とは無縁です。水を飲む生活習慣を身につける前は、結構便秘で苦しんだものですが……。

軽い、ゆるい、健康的な生活習慣を身につけると、それは「習慣」なので難なくできます。そして趣味・嗜好が変わります。

以前はハーブティなど美味しいとも思わなかったのですが、五十代になってから、睡眠の妨げにならないお茶として愛飲していたら、その美味しさが分かってきました。

上半身

①両足を肩幅より少し広めに開き、膝をゆるめて立つ。左の手の先を見ながら、息を吐きつつ、上半身を気持ちのいいところまで左にねじる。反対側の足は、自然につま先立ちになる。

②十分にねじったら、息を吸って吐きながら反対側にねじる。膝をゆるめ、手先にリードしてもらうつもりで見ながらねじると、気持ちよくねじれる。

〈ポイント〉
あくまでも“気持ちのいいところまで”そして、ゆっくり呼吸とともに行うのが、良いストレッチ。無理は決してしないで下さい。

脇

①左足に重心を置いて、左手を天に向かって伸ばす。

②右足を右に出しながら、息を吐いて左脇を伸ばす。右手で伸びているところをなでると、よく伸びる。何呼吸かしながら伸ばす。左足をもっと踏み込むと、ストレッチが深くなる。

③十分に伸ばしたら、今度は右足に重心を置いて、左足を左に出し、右手を天に向かって伸ばす。

〈ポイント〉

音楽に浸りながらゆっくり、鏡をたまに見て、美しく見えるようにポジションを直すと、雰囲気が出ます。

第2章 アンチエイジングは「食」から

1 スーパーフードはスムージーで！

年齢とともに不調が出てくる、「元気」がなくなってくるなら、その元気を足してもらえ、不調を緩和する「食材」を、どんどん取り入れていけばいいのです。

四十代以降気になるのが「栄養不足」。近年世界の健康オタクの間で注目されているのは、ビタミン、ミネラル、鉄分などの微量栄養素が普通の食品の何倍〜何十倍も入った「スーパーフード」と言われるものです。

ココナッツオイルやチアシード、モリンガ、カカオニブ、ビーポーレン……。ミランダ・カーなどのスーパーモデルが「美と健康」のために食べているとして一般にも知られるようになりました。

今更キレイになりたいという気持ちがもしなくても、体調が良く、元気になったら日々の作業も楽になりますから、使わない手はありません。私は、二年前からココナッツオイルは毎朝コーヒーに入れて飲んでいます。

追ってチアシード、モリンガ、カカオニブとトライし、新手のビーポーレンはハワイに行ったとき健康食品店で発見。生の要冷蔵のものでした。

「は〜、これがビーポーレンかぁ」

と、最初は薄気味悪く思いましたが、購入。恐る恐るヨーグルトにかけて食べてみると、どうってことない粉粒でした。

蜂さんが、集めた花粉を蜂蜜で団子にしたものですが、ヨーロッパでは「幸せのスプーン」と言われるほど栄養豊富。確かに、五十代ともなると、体調がいい＝幸せなので、若くても体調が悪い方は食べてみてもいいと思います。

ネットでも売られていますし、イオンでも乾燥ビーポーレンが一瓶千円ぐらいで売られる時代になりました。もはや、

●スーパーフードはスーパーモデルだけのものではない

と言えるでしょう。

ダンサーとかモデル、タレント、女優さんでなくても、自分の「元気」を維持したり、増すためには「食」に気を付ける必要があります。特に年齢を重ねていく上で、元気な人は綺麗ですからね。更年期症状も軽くなりますし、免疫力が高まるので風邪も引きにくくなる。

まだスーパーフードの必要性も感じなかった何年か前、ベリーダンスの師匠ミッシェルがバリ島から帰国。ロータスに滞在していました。深緑色のペーストを大匙で舐めるように食べていて、

「なにそれ〜?!」

と聞くと、

「生スピルリナだよ。食べてみる?」

というから、恐る恐る小さじにちょっともらい、舐めてみました。

「おえええええっ」

それはもう、吐きそうな感じ。さすがプロのダンサーは違うわ、ボディメンテのためにこんなマズイもんまで食べちゃうんだぁ!!!と驚愕しましたが、それから数年。

最近になり、代官山のジュース屋さんで生スピルリナ入りアンチエイジングブレンドを飲んでみると、あら、美味しい。生スピルリナは溶け切ってないので、混ぜながら飲む。グレープフルーツジュースが混ぜてあるので生臭くもない。

癖になって、ロータスの帰りにちょくちょく寄り、飲むようになりました。すると、夕方、家に帰ってからも洗濯物を畳んだり、夕飯の支度をするのが辛くないのですよ。頭もスッキリするし、まさに「幸せの一杯」です。

生はなかなか手に入りづらいかもしれませんが、サプリや乾燥原末はネットでも売られています。お高いものもあるけど、二、三千円ぐらいのものでじゅうぶんだと思います。スーパーフードは様々ありますが、ジュースやスムージーに混ぜて飲むのが一番簡単で美味しいと思います。ただ冷たい飲み物は冬場キツイので、寒いときはヨーグルトに混ぜて食べます。

夏は冷たい飲み物も美味しいので、私は毎朝ヨーグルトスムージーにスーパーフードを入れ、家族にも飲ませているのです。

●スーパーヨーグルトスムージーRecipe

バナナ一本、冷凍ブルーベリーひとつかみ、冷凍ゴーヤひとつかみ、ヨーグルト一カップ、豆乳五〇〇㎖（三人分）、チアシード、ビーポーレン、モリンガパウダーそれぞれ適宜、お好きな甘味をお好みで♡

夏はゴーヤがいいですね。夏バテ防止になるし、癌の予防にもなるとの説もあります。私はゴーヤ、手に入ったときワタを抜いて輪切りにし、冷凍しておきます。バナナも腐りやすいので、夏は輪切りにして冷凍しておくと、スムージーにいつでも使えますよ。

甘味はお砂糖ではなく、蜂蜜や低GI値のアガヴェシロップがオススメ。糖質制限されている方はラカンカやステビアが〇。

近年、ナッツ類の健康効果も話題ですが、アーモンドペーストをスムージーに入れるというレシピが、世界的なテニスプレイヤー、ジョコビッチの本に書いてあったので試してみると、クリーミーで美味しかったです。

カカオニブもコリコリした小さい粒ですが、ヨーグルトやグラノーラ、生クリーム、クッキーやカップケーキに混ぜると美味しいですよ。私はアンチエイジング検査で小麦アレルギーが出、「グルテンフリー」を余儀なくされてから、スウィーツは家で米粉を使って娘が作ってくれるようになりました。

● 「グルテンフリー」、スーパーフードも美味しく、楽しんで♡

若返りの秘訣です。

2 流行りのグルテンフリー

欧米の健康志向の人々の間で流行っていて、日本でも流行り始めている「グルテンフリー」。日本産グルテンフリー食品も色々売られ始めました。

ピラティスの先生が去年から始めていて、

「なにをまた健康オタクな……」

と揶揄していたのですが、今年に入って私もやらねばならなくなってしまいました。

というのも、アンチエイジング取材でフランスのショーシャ式検査を受けたところ、私は小麦に中程度のアレルギー反応があったからです。

強いアレルギーではないものの、細胞の炎症をゆるやかに起こし、水面下で「老化」を促進してしまう。アンチエイジング的観点から言うと、この食品は避けたほうがいい。それがショーシャ式アンチエイジングなのです。

私は小麦のほかに、卵の白身。この二つをまず三カ月除去、その後は四日に一度は食べていいと言われました。小麦がＮＧとなると、まず麺もの、点心、ケーキ、クッキー、パン類は食べられません。

まぁ日本人はもともと米食だし、美味しい和菓子があるから逃げ場はあるのですが、洋風の食事で育った私たち世代の日本人にとって、グルテンフリー、最初はキツイでしょう。でもこの三カ月で、小麦以外の粉ものを使えば、食のバリエーションは確保できると分かりました。パンやピザも、米粉や豆粉を使って美味しくできます。これを機会に、生春巻き（ライスペーパー）や玄米ごはんも復活。白米、玄米も選択肢の一つにすれば、飽きないで済みます。

外食の幅は確かに狭まりますが、麺なら十割蕎麦、ベトナム料理のフォー（米粉麺）があります。和食は天ぷら以外ＯＫ。回転寿司はオススメです。洋食でもパンを食べなければＯＫなので、食の細ってきた大人女子には、苦でもない選択と思われます。

ライスパスタや春雨、白滝を使えばツルツルものも味わえます。揚げ物の粉は片栗粉を使えばＯＫ。ハンバーグはパン粉の代わりに春雨を使います。グルテンフリースナック、海外では色々売られていますが、日本ではまだ少ないので、せんべい、あられ類や、インドのパパドゥ（豆粉原料）で代用。

自家製ポップコーンも嵌りました。自分の家でエキストラヴァージンオリーブオイルで揚げ、トリュフソルトをかければ大人のグルメポップコーンになります。スウィーツは、日本でも米粉・豆粉のケーキミックスが出ていて、幸い娘がお菓子作り好きなので、困りませんでした。

朝はパン食の私は、耐えきれずホームベーカリーまで買ってしまいました。一〇〇％の米粉パンはまだあまり売られていなかったので、自分で焼き始めたのです。ところがこの半年で、日本産の米粉パンが適正価格で売られ始めたので、ホームベーカリーまで買う必要もなかったかと（笑）。

小麦抜きを始めた当初は、用もないのにケーキ屋さんに入り、自分にも食べられるスウィーツはないかと物色したり、麻薬中毒患者の禁断症状みたいでした。それもそのはず、「小麦」には、「中毒症状」があるのです。

グルテンの成分の一つ「グリアジン」というタンパク質は、脳内で麻薬のような働きをし、パンやパスタやケーキを食べると脳は快感を覚え、ハイ状態になるそうです。食欲が増し、もっと食べたい、また食べたいとなってしまう。

さらに小麦は血糖値を急上昇させ、たとえそれが全粒粉オーガニックのパンであっても、白糖よりＧＩ値が高いと言われています。太りやすくなるだけではなく、肌の糖化↓老化も促進。健康食品だと思って食べてきたものも、研究が進みＮＧだということが分かってしまったのです。

これを機にグルテンフリー関連の本、エリカ・アンギャルの『グルテンフリーダイエット』、ノバク・ジョコビッチの『ジョコビッチの生まれ変わる食事』、デイビッド・パールマター博士の『「いつものパン」があなたを殺す』と三冊読みましたが、空恐ろしい事実と、驚きのダイエット効果を知りました。

五十代以降の私たちにとって特に恐ろしいのが、肥満より「脳の炎症」。パールマター博士は、肥満、糖尿病のみならず、アルツハイマーや心の病気の原因にもなることを示唆しています。

世界的テニスプレイヤー、ジョコビッチが、どん底のスランプから立ち直ったのも、グルテンフリーの食生活。そこから彼は持久力と集中力を高め、世界王者への道を歩んだのです。

実は彼、ピザ屋さんの息子。慣れ親しんだ粉ものに別れを告げるのはさぞ苦しかったでしょう。私のピラティスの先生も関西人なので、粉ものに別れを告げるのは厳しかったと言います。関東生活が長くても、折につけタコ焼きお好み焼きを焼いていた人ですからね。

どうしても食べたいときは、小麦粉を使わず山芋のすりおろしだけをつなぎにしたそうです。餃子の皮は薄切りの大根で。私は、餃子の具を片栗粉で包んで丸めて水餃子風にしていただきました。ラー油とお酢、醤油でいただくと、まるでギョーザ!!!
で、グルテンフリーをして実際にどうだったかというと……。

●体重は、特に減りも増えもせず（おなかいっぱい食べているので）
●体調が良くなり、やる気が出てくる
●疲れにくくなった
●肌の調子がさらに良くなった
●落ち込みにくくなった

アンチエイジングを目指すあなた、試してみないでか！

3 糖質制限

グルテンフリーを余儀なくされ、その手の書物を読み漁っているうちに、藤田紘一郎さんの『50歳からは炭水化物をやめなさい』に出合いました。

五十を境に、体のエネルギーが「解糖エンジン」から「ミトコンドリアエンジン」に切り替わるから、「糖質」はいらなくなるという説です。

「白米」「うどん」「パン」は禁止。食べるなら、お楽しみ程度に玄米ごはんを半膳一日一回、とのことです。甘いものは当然NGです。病まない・ボケない・老いない腸健康法。ご興味のある方はぜひお読みください。

私はこの本を読んだ時、

「ガーン、ごはんもダメなんだぁ」

と落ち込みました。グルテンフリーダイエットで小麦制限していた頃でしたから、米、という逃げ道まで閉ざされるとなると、鬱々とした気分になります。でも、これもよく考えるとどうってことないんですよ。

もともと、夜は赤ワイン二杯を晩酌にいただくので、おつまみしかいらない。朝も夏はスムージーだけ、食べてもフルーツグラノーラヨーグルトか、軽くトースト一枚ぐらい。食べるのは昼、ここはガッツリといただきます。

●主食は一日一回、ごはん軽く一膳

以前、夫が主食抜きダイエットをしていた頃、

「つたく、若いモデル真似してバカみたい（夫はファッションカメラマン）。ごはん食べなくても、そのぶん、おかず山ほど食べちゃったら同じじゃん」

とバカにしていましたが、五十以上の人にとっては、むしろ必要な食生活だったのです。

若い人が糖質制限をすると、色々と不調が出てくると聞きますが。

しかし主食はともかくとして、甘いものを完全に除去するのは難しいですね。ヨーグルトやスムージーも甘くないと美味しくないし。私はここ数年、低GI値のアガヴェシロップを愛用していましたが、前出のパールマター博士によると、アガヴェすらよろしくない。

甘みはステビアをパラパラと上からかけるべきだと言うのです。確かに、混ぜちゃうと甘味を感じづらく、結構たくさん入れることになっちゃいますもんね。パールマター博士は〝無糖の生クリームにベリーを添え、ステビアをぱらっとかけて〟食べるそうです。

甘いものは（たとえそれがフルーツであっても！）、太るという問題だけでなく、老化を促進し、かつ、歯のエナメル質も溶かしてしまうので、まず食べないに越したことはないのですが、美味しい、という誘惑にはかないません。だから、たまのご褒美にすればいいのですよ。

フルーツがお菓子よりもいいのは、水分が多く食物繊維も豊富でビタミンや微量栄養素が期待できるという部分。甘いものには変わりないのです。結構、この自覚が私たちないものですが。

アンチエイジングの世界的権威、ショーシャ博士は、それぞれの内臓の働きが絶好調の時間に合わせて食事を摂るべきだという「タイムリー・ニュートリション」を提案しています。朝は七時から九時の間に、昼は十二時から二時の間に、夜は七時から九時の間に、タンパク質と野菜を中心にいただく。

そして夜の食べ過ぎを防ぐため、すい臓の働きが一番よい午後四時から五時の間におやつをいただく。解糖ホルモンのインシュリンがよく出て、甘いものを食べても飲んでも太らない、あまり悪影響を受けない時間帯なのだそう。どうしても甘いものを食べたいならここで、というお達しです。

●甘いものを食べるなら、午後四時から五時の間に

ショーシャ先生が薦めるのは、カカオ七〇％以上のダークチョコレートを二かけ。カカオは抗酸化作用の強いポリフェノールが豊富でかつ、安息作用もあるのでイライラも治まります。

でもチョコレートがあまり好きではない人には、カカオ七〇％以上はあまり美味しくないかも。その旨ショーシャ先生に言うと（和田先生のクリニックに年四回来日して診察、施術しています）、

「ナッツやドライフルーツと一緒に食べると美味しいよ」

とのこと。

「しかしこれも飽きるからな〜」

「フルーツや、フルーツジュースでもいいよ」

ということなので、たまに四時のおやつとして、代官山のジュースバーに（笑）。

小麦抜きをし始めてから、もはやお菓子類はほとんど食べられないのですが、娘の作ってくれる米粉クッキーなどはたまにいただきます。でも、制限していると、たまに甘いものにありついたとき、自分でも驚くほど体に染みるのを感じます。乾いたスポンジに水が染み込むがごとく……。

夏の暑気除けには仙草ゼリーや亀ゼリーを常備。それにかけた黒蜜なんか、飲み干しちゃ

いましたからね！！！　ドライフルーツにチョコレートをディップしたお土産をいただいたときも、タガが外れたように、たくさん食べてしまいました。嗚呼。翌日、吹き出物が。

「太りたくなければ甘いものは食べないほうがいいよ」

とショーシャ先生に力なく言われた私。ごめん、ダメな生徒で！

というわけで、グルテンフリーも糖質制限も、「したほうがいいよ」ということだけ知った上で、無理はしないでください。「我慢」や「無理」も「老け」の原因なので。わかっちゃいるけどやめられない。それが人間です。

●糖質制限はアンチエイジングの飴と鞭

4 若返りサプリ

サプリは、体力を底上げし体調を整えてくれるので、年齢を重ねていく上で摂ったほうがいいかもしれません。人によって、何歳になっても全然ＯＫ、体調体力気力バッチリ、という方は必要ないと思うのですが……。

●滋養強壮剤

私は四十代後半に、ひどい咳が止まらない風邪を引き、三カ月も苦しみました。病院に行って検査してもマイコでもないし肺炎でもなく、漢方を処方されたものの、あまり効果はなかったのです。

で、結局、その頃テレビで見た漢方薬局に行って、薦められた朝鮮人参入りの和漢薬を購入。それは驚くほど効き、みるみる治ってきて、一カ月後には咳も止まってしまったという経験があります。

結局、加齢とともに病気を治す体力が不足していたので、朝鮮人参が効いたのだと思います。アンチエイジングサプリには、こういう滋養強壮剤が含まれているものが多く、朝鮮人参ほかエゾウコギなどもあります。

疲労感回復や不眠解消などの効果もあり、日本産のよく眠れるサプリもエゾウコギが主成分でした。

●快眠サプリ

私は四十代から中途覚醒が始まり、この手のサプリは、セント・ジョーンズワート、トケイソウ、メラトニンと色々試しています。どれも自然薬なので、睡眠導入剤よりは体にいいと思います。

まずよく眠れることが若返り、そして体調改善・体力回復の大前提なので、ここから試してみるのもいいかもしれません。

●女性ホルモン様のサプリ

不眠や中途覚醒も、四十代以降は性ホルモンが激減することにより起こるものなので、女性ホルモン様のサプリを足してあげるのも手です。私は今、大塚製薬から出ている「エクエル」を飲んでいますが、レッドクローバー、ブラックコホシュ、ポメグラニト（ざくろ）と、色々試してきました。

海外サプリは強力なものが多いので、終わりかけていた生理がまたドッと来ちゃったりすることもあります。日本人向けに作られた「エクエル」は、活性がピルの一〇〇分の一なので、マイルドな効き目で気に入っています。

エクエルは大豆イソフラボン原料なのですが、腸内でエクオールという物質（これが女性ホルモン様）に変えられない人が稀にいて、そういう人でもエクオールを摂取できるサプリなのです。

エクオールが作れない人は、いくら大豆製品を食べても女性ホルモンの足しにならないという衝撃の事実を、ソイチェックという尿検査で去年知りました。これはネットでキットを購入でき、郵送で簡単にできる検査ですが、私はエクオールを作れていなかったのです。

●ビタミン類

若返りサプリとして有名なのは強い抗酸化作用を持つビタミンA・C・Eです。この組み合わせが王道らしいのですが、私はC・E・Bを摂っています。

その他、飛蚊症になってからはルテインも。プラスもうすぐ閉経なので骨粗しょう症予防にカルシウムとビタミンDも摂っています。Dはカルシウムの吸収を助けるだけでなく、最近では様々な健康効果が発見されています。

成人病やウツ病予防だけでなく、D欠乏症の人に子宮筋腫が多いなどの調査結果もあり、もっと早く知っておけば良かったなと思います。

このビタミンは日中屋外で過ごしている人は自然に生成されるもの。あまり日に当たらない人は欠乏する傾向にあると言います。Dはもはやビタミンではなく長寿ホルモンと言う専門家もいて、見逃せないビタミンです。

数年前、口角炎で苦しんでいた頃、皮膚科で処方されたのはビタミンB_6、B_{12}でした。アンチエイジング検査でDr.ショーシャに処方されたのはビタミンB_9。ビタミンB_9は葉酸。ホウレンソウ、レバー、大豆、果物に多く含まれるものです。B_{12}とともに血を作るものなのですが、そこが足りないのは残念なこと。

私のように子宮筋腫があり月経過多の人は、特定のビタミンBでなくてもビタミンB complexをとりあえず摂っとくのが賢明でしょう。

●脳の血流を良くするサプリ

また、五十代になると物忘れがひどくなり、それが落ち込む原因になったりします。脳の血流を良くしてアルツハイマー予防になるサプリとして、GINKO(イチョウの葉)も、気休めかもしれないけど摂っています。

本当にボケ防止になるかは藪の中ですが、免疫を高める効果もあるので無駄ではないかなと。スーパーフードのモリンガも、錠剤になっているものもあり、粉やお茶で摂取できないときは飲んでいます。

それと、友人から株をいただいて増やしているのはツボクサ。これもアーユルヴェーダではアルツハイマー予防のハーブとして珍重されています。庭先で夏などどんどん増えるので、一日十枚、刻んでサラダドレッシングなどに混ぜていただいています。これも、サプリ（別名ゴツコラ）で売られてもいます。

そんなわけで朝ごはんは、サプリ腹を空けておかねばならないのでたくさんはいただけない、という理由もあり、スムージーかフルーツヨーグルトにグラノーラをぱらっとかけて。寒いときはスープやリゾットなどもいただきますが。

サプリは気休めかもしれませんが、とりあえず今、以前より体調がいいのを感じます。風邪も引かないし、おなかも壊しません。齢五十三、更年期症状はホットフラッシュしかないので、万々歳というところでしょう。

高いサプリでなくていいので、気軽に色々試してみてはどうでしょうか。

5 色とりどりの野菜&果物

アンチエイジング作用＝抗酸化作用の強い飲み物といえば赤ワイン。私は毎晩赤ワインを二杯いただいています。二杯、と言ってもグラス半分を夏はソーダ割り、冬はお湯割りにしていただくので、実質グラス一杯。

五十代になりお酒がさらに弱くなったので、これでじゅうぶんなのです。そしてこれはショーシャ博士の提言する、

●アルコール飲料は一日一五〇㎖まで

に当たり、ちょうどいい分量。

ショーシャ先生も、飲むなら赤ワインをと薦めています。赤ワインは葡萄を丸ごと使っていますから、ポリフェノールの抗酸化作用と安息作用が期待できます。私も経験上、赤ワインを晩酌程度いただくのが、一番眠くなります。ふわっとして幸せ感をもたらし、いい眠りにつけるので、特にお年頃女子にはオススメ。

ただアルコール飲料は脱水症状を起こすので、その前後に倍量のお水を飲むことを、ショーシャ先生は勧めています。私もレストランなどでは必ずお水をもらい、チェイサーとしていただいています。

●飲むなら赤ワインを

お酒を飲めない方は、ノンアルコールワインや葡萄ジュースにポリフェノールが期待できます。スパークリングタイプのものもありますので、お祝い時などシャンパングラスに注げば、乾杯を楽しめます。

私も、主宰するコミュニティサロンで折につけ乾杯を楽しんでいますが、年とともに少なくなる「ハレの日」の気分を味わえていいですよ。昼間でも、ノンアルコールスパークリングなら、酔わなくて済みますから。

●ノンアルコール乾杯で気分UP!

アンチエイジングには、抗酸化作用の強いサプリだけでなく、ふだんから良質のタンパク質と、カラフルな野菜や果物を意識して食べることが必要です。

ブロッコリー、人参、カボチャなど緑黄色野菜の健康効果は、欧米でも注目され普及しています。ここ数十年、ブロッコリーは何にでも入るようになったし、アメリカでは肥満対策にキャロットスティックをおやつ代わりに食べ、オーストラリアでは焼きカボチャサラダが定番です。

カラフル野菜は、アンチエイジングにも欠かせないし、見た目もきれいです。忙しくて料理に時間がかけられないという方でも、茹でたブロッコリーと人参、カラーピーマンを赤、黄色、オレンジ色と細切りにしたもの、そしてミニトマトを洗ってジッパー付き保存袋に入れ冷蔵庫に入れておけば、サラダだけでなくどんな料理にもトッピングできます。

たとえば、コンビニ弁当やデパ地下もの、インスタント食品しか食べられなくても、カラフル野菜をトッピングするだけで、見た目も華やかに、栄養も豊富になります。お休みの日に仕込んでおけば、一週間は持つでしょう。タマネギの細切り、レモンの櫛形切りも冷蔵保存しておくと、色々に使えて便利です。

昨今、サーモンの若返り効果も話題になっていますが、スモークサーモンなど食べるときも、この細切りのタマネギとレモンがあれば、手軽におつまみやサンドイッチができます。レタスも朝のうちに洗って水切りしてちぎっておくと、夜疲れているときでも、簡単にサラダができますよ。

もちろん、酸化しないという意味では、作りたてが一番ですが、疲れているときに一から料理をするほうがストレスです。そして、自分で下処理したものは、売られているものよりは安全で、美味しく、お手頃です。

本当に料理をするのが面倒という方は、果物だけでも色とりどりに揃えておくといいです。お菓子を食べるより健康的だし、アンチエイジング効果が期待できます。なにより見た目が可愛く、風味がよく、美味しいのがいいですね。

●フルーツで可愛くアンチエイジング♡

前出のパールマター博士は、グレープフルーツなどの「甘くないフルーツ」を薦めていますが、日本のフルーツは本当に甘くて美味しいので、これはご褒美としていただきましょう。

アンチエイジングには皮ごといただくのがいいようですが、食べて修業感のあるものは、剥いて食べるほうが心に優しいです。私は、スムージーに入れるときは皮ごと入れていますが、普通に食べるときは剥いています。見た目や舌触りも味の内。

●「食」から得る「幸せ感」もアンチエイジング効果アリ

皮ごと美味しくいただけるという意味では、ブルーベリーなどいいですね。ただ国産は高価なので、山ほどいただくことはできませんが……。外国産で冷凍のものは比較的安価で、スムージーに入れるのにもってこいです。

食のバリエーションを楽しみ、「旬」のパワーをいただくには、新鮮な季節の野菜、果物、そして地のものをいただくのが一番ですが、手に入らない場合は外国産も冷凍もアリにしておかないとストレスです。

私は月経過多の貧血時、冷凍のアサイーを冷凍庫に常備、スムージーに入れて毎朝飲んでいました。今ではパウダーのものも売られていますから、簡単に摂取できますね。どちらもネットで買えます。

また、野菜、果物を生でいただくのは、「酵素」の健康効果が期待できます。酵素もアンチエイジング効果が高いので、ヨーグルトや糠漬け、納豆、チーズ、味噌など発酵食品をマメに摂ったり、生野菜、果物を意識して食べることです。

私は五十三で糠漬けデビューしました！　家にある野菜を漬けておくだけで、美味しい糠漬けがいつでもいただける♥　日々のアンチエイジングにもってこいです！　夏は冷蔵庫に入れっぱなしでＯＫ。旅行に行っても、一週間は持ちます。

6 タンパク質と脂質

アンチエイジングには、良質のタンパク質と脂質が不可欠と言われています。かつてはベジタリアン、ヴィーガンが健康の最高峰と思われていましたが、最近の研究で、動物性タンパク質や脂質も、老化を遅らせるには重要だということが分かってきたのです。

健康御長寿の方は高齢でも週に二、三度はお肉を召し上がっているそうで、やはり、人間は雑食動物。色々食べたほうがいいのですね。

脂質も、動物性の脂は、血管を詰まらせるなど健康に悪いような健康常識がかつてはありましたが、最近の研究では、むしろある程度摂ったほうがいいとされています。

五十代以降はコレステロールが……と気にされる方が多いと思いますが、実は性ホルモンはコレステロール、脂質から生産されるという話なのです。お肉が好きで、少々太目の人のほうが、男女とも若くいられるということです。

また、心臓血管系の心配も、肉や魚などのタンパク質をちゃんと摂ることで解消されます。血管の柔軟性を保ってくれるのも、タンパク質と脂質なのです。癌の発生率も、コレステロール値やや高めの人のほうが低いと、和田秀樹先生がおっしゃっていました。なにより、よく食べる人は元気ですからね。

●健康長寿を目指したかったら、お肉、お魚を毎日いただく

お魚の脂にはビタミンDやオメガなど、健康効果の高い栄養素が含まれます。食のバリエーションを考えても、お魚、お肉、お魚、お肉、と、順番に食べていくのが望ましい食生活です。そこに野菜や豆類をプラスすると。

私はかつて、三十代で三年間、徹底的に玄米菜食をしたことがあります。東洋医学の考えでは、肉は肉を呼ぶといい、筋腫などの腫れものがある人は、玄米菜食にしたほうがいいと、その頃お世話になっていた鍼灸師に言われたからです。

動物性タンパク質を一切摂らない食生活は、それはそれなりに新たな発見もあり、楽しかったので、『地味飯ダイエット』なる本まで出しました。

体重は五キロも減り、お肌もツルツル、ピカピカ。でも、筋腫が小さくなるということはありませんでした。いまだに同じ大きさのまま、経過観察を続けています。

あの頃はまだ若かったので、玄米菜食で綺麗になれたけど、五十代の今、同じことをやったらシワシワで枯れ果ててしまうでしょう。お肌のコンディションを保つためにも、タン

パク質と脂質は大切なのです。

簡単にいただけるのは、美魔女の間で珍重されている鶏むね肉。高タンパク質・低脂質の代表格で、蒸したものをパックにしたサラダチキンなるものもスーパー、コンビニで売られています。お料理しない方は、こちらを利用されるといいのではないでしょうか。

焼き魚やお刺身も簡単ですよね。冬は切り身を買ってきて鍋。これが一番簡単で、お野菜もたくさんいただけます。お豆腐も入るし。

お魚は旬のものを選び、お肉は豚、牛、鶏と順番に食べていけばいいと思います。旬の魚介類がない場合は、なんといってもシャケでしょう。マドンナがサーモンダイエットをしたことで一躍有名になりましたが、鮭のアンチエイジング効果はすごいものがあるそうです。

サバやサンマ、鯵など青魚に含まれるＤＨＡやオメガ3の健康効果もアンチエイジングの定番。ただ、生臭いと感じてあまり好きではないという方は、亜麻仁油など代わりに加えるといいです。今では日清オイリオからも出ていて、イオンでも買えます。加熱すると栄養素が壊れるので、ドレッシングなどで♡

ダイエットのためにはノンオイルドレッシング、という常識はもう古いのです。オメガ3や6は大切な栄養素であり、コンビネーションで細胞内に溜まった化学物質をクレンジングしてくれるものもあります。善玉コレステロールを増やし、悪玉コレステロールを減らす働きもあるそうです。

逆に、大量生産の食用油は、工場での生産過程において高温に加熱され、様々な化学物質を加えられているので体に悪い。血管が傷付いてしまうそうです。植物性油だから体にいい、というのは、手絞り、一番搾りだけの話なのです。

健康にいいのはエキストラヴァージンオリーブオイル、一番搾りのごま油、ココナッツオイル、亜麻仁油、最近注目されている荏胡麻油など。色々味わってみるといいでしょう。

●エキストラヴァージンオリーブオイルなど一番搾りの油に替える

食べ方は、栄養素が壊れない「生食」が一番です。加熱して壊れないのはオリーブオイル、ココナッツオイル、ごま油ですが、高温で加熱すると変質するので、家でも揚げ物はあまりオススメしません。

健康長寿を目指すなら、まず大量生産の食用油をやめ、天ぷら鍋を捨てることです。我が家はもう二十年来、揚げ物はたまの贅沢。フライパンに二センチぐらいオリーブオイルを温め、揚げ焼きにします。

外食の場合、イタリアンならオリーブオイル、美味しい天ぷら屋さんなら新鮮なごま油を使っていますから安心です。市販の安い揚げ物は、長時間高温で使い回し、酸化していますから、まず手を出さないほうが無難です。

植物性のマーガリンも、かつては動物性より健康に良いというのが常識でしたが、良質バターを時々、少々、のほうが体にいいことが分かっています。こんな頻度と量なら、エシレでもカルピスバターでもOK。高級品を楽しめます。

私は顔にもアルガンオイルを塗っていますが、いいオイルは浸透性が高く、ベタベタしない。ココナッツオイルも、あっというまに吸収されるので、食用に使ってこぼれたのは、手にすり込んでいます。軽い火傷も治りますよ♡

股関節

両足を広めに開き、股関節のストレッチをします。かのイチローも、みんなにすすめるストレッチとしてひとつだけ選ぶとしたら、このストレッチを選ぶのだそうです。

①両足を大きく開き、四股を踏むように立つ。息を吸って、背中を丸める。

②息を吐きながら、右手で右膝の内側を押し広げる。上半身は左の天井に向かってねじる。息を吸いながら中央に戻ると同時に背中を丸める。

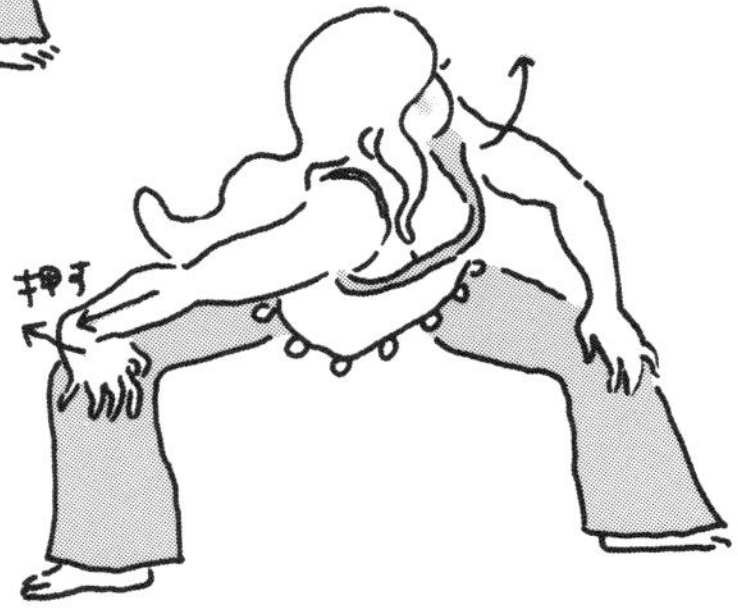

③今度は反対側、息を吸って吐きながら左手で左膝を内側から左外側へ押し広げ、上半身は右天井に向かってねじる。これを2回繰り返す。

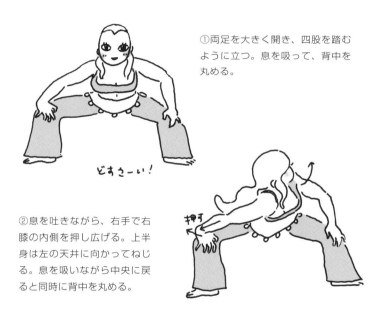

内股

①下のほうへ左足を踏み込み、右足を右外側へ伸ばす。左肘で左膝を内側からさらに押し広げ、右足はぐーっと伸ばして、左の内股と右足のストレッチ。

②息を吸って深〜く吐いて、余力のある人は両手を前へ伸ばして、さらにストレッチ。反対側もやってみましょう。

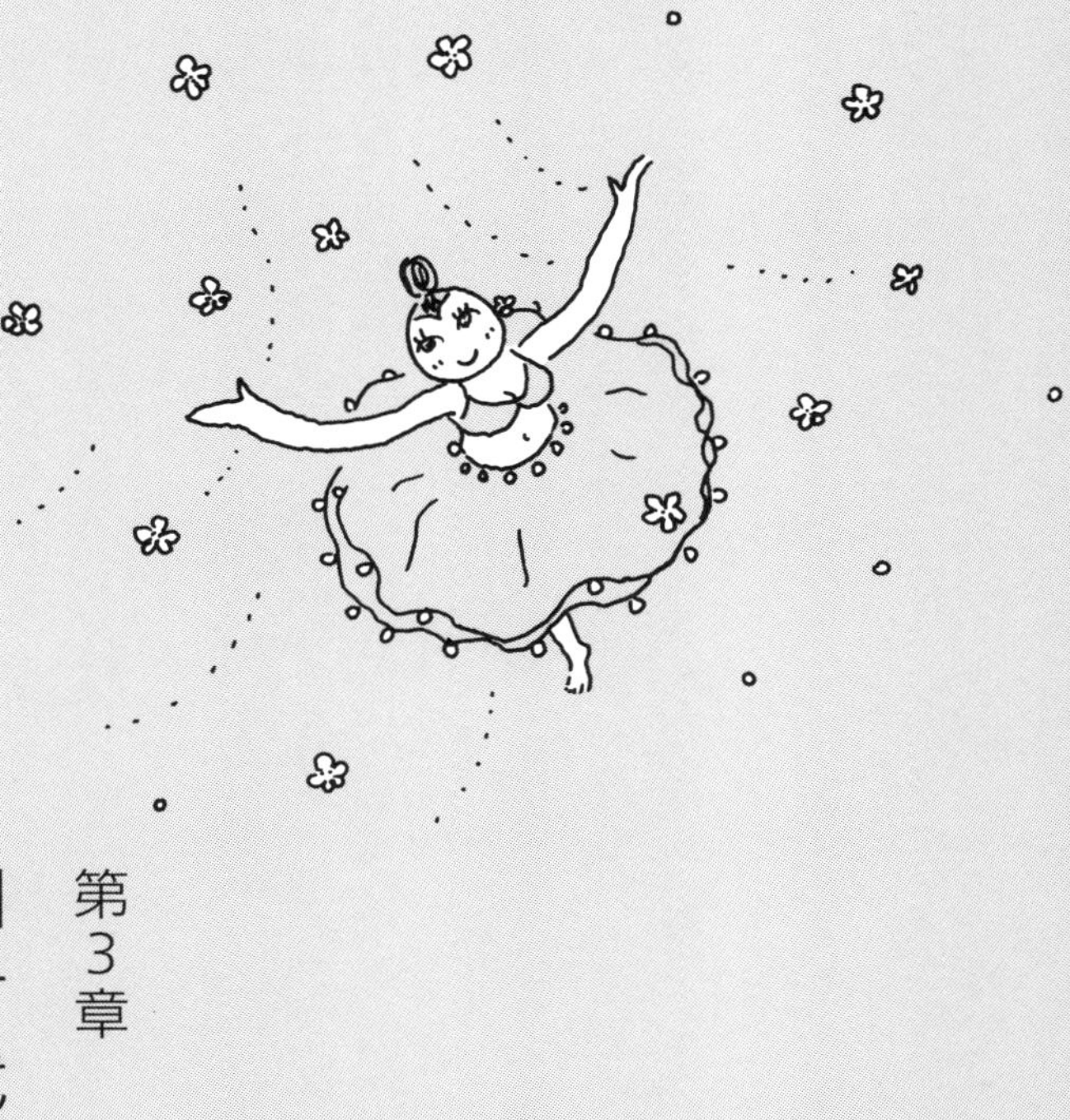

第3章

四十代からのワークバランス

1 フルタイムからパートタイムへ

一日中バリバリ働けた若い頃と違って、四十代になると「疲れ」が出てきます。でもそれに気づかず同じペースで働き続けると、ある時突然、体や心を壊したり、慢性的な不調を抱えたりしてしまいます。

年を取ったことに鈍感なのが現代人。私も、懇意のセラピストに「休む」ことを勧められても、本人は嬉々として仕事をしているので、なかなか休めませんでした。体を壊して「入院」という事態にならねば、休めなかったのです。

五十一の年、卵巣嚢腫の破裂で二度入院し、三度目は摘出手術。病院での一週間は暇で暇でしょうがなかったのですが、家事からも仕事からも解放され、ある意味、本当のバケーションでした。手術前夜、病院の窓から見えた隅田川の花火は、神様からのプレゼントだったかもしれません。

土日祝日バケーション時は「お休みの日」であるにもかかわらず、色々予定を詰め込んで、ちっともゆっくりしていないのが働き蜂日本人。家族持ちなど、休みの日は逆に疲れてしまったり……。

でも、体の加齢は自然現象ですから、誰の元にもやってまいります。それを遅らせるため第一章、第二章では色々とアドバイスしましたが、遅かれ早かれみな年を取るのです。だから、これからを心地よく生きるには、

●どう休んだらいいかを学ぶ

必要があるのです。

もちろん、働かなければ食べていけない人がほとんどでしょうし、自分の能力で稼ぐことに勝る充実感はありません。でも、そのもととなる体と心を働き過ぎで壊してしまったら、元も子もないのです。

そこで、

●加齢が顕著になる年頃からはパートタイムで働く

ことを提案したいのです。

会社勤務の方は、定年までフルタイムで働くのが決まりでしょうが、選択するのは自分です。体力、気力とも充実していて、定年までバッチリ健康で働ける人はいいのですが、もうボロボロで辞めたい、という人は、この辺で働き方を変えてもいいのではないかと思

います。

私の知り合いは、証券関係の会社でバリバリ働いてきましたが、その間に不調を抱え、両親の病気もあって、様々な健康関連の本を読み漁りました。二百冊を超えたところで、決意がついたといいます。四十代で、健康ビジネスの会社を自分で興すことにしたのです。

もちろん、自分で会社をやるにしても、忙しくなることには変わりないのですが、会社に使われている場合のストレスはないでしょう。業種も彼女にとってはストレスでした。お金は儲かるけど、人間の見たくないところもたくさん見なければいけない内容だったといいます。

私のやりたいのは本当はこんなことじゃない、人生の後半はやりたいことをやろう、と心に決めた彼女を、周囲は反対しました。年収は同世代男性の何倍にもなっていたので、もったいないから辞めるな、というのが大抵の意見だったのです。

●「お金」と「心」、どっちが大切かよく考える

もちろん、ある程度お金がなければ生きていけない世の中です。でも、自分の体と心を壊してまで、そこに執着することもないのではないでしょうか。お金は、必要なぶんだけあればいいのです。あったらあったでありがたいものではあるけれど、そのために我慢して壊れるのもいかがなものかと。

私も四十六で、コミュニティサロンを始めたのは、自分の心の充足感のためでもありました。そこで出会う多くの女性たちとのお付き合いが、私の日々を色鮮やかにしてくれているのです。参加するみんなにとっても、そういう第二の「家」みたいな存在であり続けたいと、もう八年、続けています。

●自分の「本音」と向き合うお年頃

若くて体力、気力があり余っているときは、やりたくないことをするのも、何かの目的のため「我慢」をするのも耐えられます。でも、加齢が顕著になる四十代以降は、それを続けると自分がダメになってしまうのです。

四十代〜五十代はホルモンバランスも悪くなってくるので、我慢し続けた揚げ句、最悪の決断を下す人も少なくありません。決断を下すまでもなく、体に深刻な病を抱えたり、精神を病んで、結局最悪の事態を招いてしまったり……。

これからは、

●自分を救う気持ちで生きていく

ことが大切です。大切に思うことは人それぞれですが、自分がダメになってしまったら、それすら守り切れません。まずは、自分の健康と幸福感と、心の充足感なのです。

また、四十代、五十代は、

●本当にやりたいことを始める年頃

でもあります。かねてから夢だったこと。本当にやりたいことに着手する。それまでやってきたことは、生活のために続けるとしても、たとえば週三、四日などのパートタイムにして、残り半分を好きなこと、夢の達成のために始める。

勤務時代に貯めたお金があるなら、しばらくは夢探しをする余裕があるでしょう。カラダもココロも休めつつ、後半の人生を考える。フルタイムで働いてそれなりのお金にはなるけど、忙し過ぎて心身もうキツイ、とお悩みならば、四十代はシフトチェンジの年頃です。

●ワークバランスを考えると、「幸せ」が見えてくる

2 夢だった仕事を始めてみる

夢だった仕事や、四十になってからやりたいと思ったことを始めて、いきなり軌道に乗り、トントン拍子で上手くいくなんてこと、あまりないと思います。そんなに世の中も甘くないし、仕事を変えるとしたらビギナーですから、少し研究や経験に費やす時間がかかるでしょう。

その場合、生活は前職を半分続行し、成り立たせる。残りを第二の人生にかける、というやり方があります。私の周囲ではそんな風にシフトチェンジをする人が何人かいます。

一人は医師で、現在は週三日だけ出向し診療、残り四日は自宅でジュエリーデザインの仕事をしています。これはネットで売っていて、楽しみでやっているので、お値段もお手頃。可愛くてクオリティも高いので、ファンもついています。なにより心がこもっているので、お客様の嬉しい感想がネットに書き込まれています。

彼女も、勤務医という激務にもう体も心も付いていかなくなって、四十代でライフスタイルを変えたのです。もっとゆったりと、クリエイティブな仕事がしたいというのが夢ですが、医師という仕事も嫌いなわけではなく、資格を持つ者の責務を果たしたいという気持ちもあるので、半分は続けることに。

もう一人は、長年老舗デパートで販売の仕事をしてきて、接客ストレスで心身ボロボロに。ストレスを解消すべく、私の本を読んだのがきっかけで、四十代でベリーダンスを始めたら、自分の中の本当の自分に気づいてしまったと言います。

「これまでの人生で、踊ったことは一度もないし、自分が踊るなんて想像もできなかった。でも、踊り始めたらもう踊らずにいられないんです。自分が本当の自分に戻れる唯一の時間だったんです」

彼女は、勤務先近くのベリーダンス教室にしばらく通いましたが、テクニックを覚えて振り付け通りに踊るやり方に、疑問を感じていました。

もっと自由に踊りたいという欲求がムクムクと湧いてきて、自宅至近の穴倉のような貸しスタジオで踊るようになったのです。

「曲を聞くと、勝手に体が動き始めるんです。時間も忘れて、一時間ぐらいそうやって踊ったあとは、生まれ変わったような爽快感があって……」

彼女がロータスにやってきたのは、夏の始めだったでしょうか。お気に入りのCD（二胡）でしか踊ったことのない彼女でしたが、それから色んなＣＤをお貸しして、踊りの世界を広めています。

私の「ベリーダンス健康法」は、ワールドミュージックで自由に踊るクラスですが、ダンスの基本は大事なので、クラスの前半はストレッチとベーシックをみっちりやります。彼女は私のクラスにしばらく通って、自分なりの踊りの世界を構築していくつもりです。

「踊りで食べたい。それが夢なんです」

とはいっても、四十代でプロのダンサーデビューは難しい。むしろ引退する年ですからね。私は彼女に、教えることなら一生できるから、ヒーリングダンスのオリジナルプログラムを作っては？とアドバイスしました。

今、彼女は週四で販売員の仕事も続けながら、休みの日は私のクラスに出たり、ロータスで「ナチュラル・ムービング」と名付けたワークショップを開催して、研究を続けています。そうしていくうちになんと、絵を描き始めました！　小さい頃夢だった、絵本作家への道を歩み始めたのです。大人のための癒やしの絵本を描きたいと、目を輝かせています。

もう一人は、外資系出版社の激務でやはり心身ボロボロ。四十代後半で転職し、週四の契約社員になりました。あとの三日は好きなことをやっています。クレイ美容の資格を取っ

たり、夏は高円寺阿波踊りの練習会、それ以外の季節は私のクラスに踊りに来ています。お酒を飲みに行くのが好きで、

「日替わりバーのママさんやってほしいって話もあって、この年で水商売デビューも悪くないかなと思ってるんですよ」

などと言っているのです。

「あんまりおばあさんになってからのデビューも遅いから（笑）」

そう、四十代はまだまだ「花」のあるお年頃。毎晩じゃキツイけど、たまにお楽しみ程度に水商売やるのも悪くありません。彼女は接客業に向いているし、何より自分がお酒飲むのも、綺麗に装うのも好きですからね。

●自分のやってきたことを続けつつ、新しいことにトライする

ちなみにこの本の編集者は、実家の旅館を継ぐことになり、四十六歳で若女将デビュー。フリーで編集の仕事もぼちぼち続けつつ、フルで女将仕事をやって三年目となりました。日々の激務がダイエットにもなり、フルタイム編集時代より、よっぽど健康的になったのです。

私の場合も、四十六でコミュニティサロンを創設し、以来、書き仕事は午前中だけ。午後はロータスで「ベリーダンス健康法」を教えています。自分がヨガやバレエエクササイ

ズを教わる日もあります。

●疲れていない午前中に仕事をしたほうが、集中していい仕事ができる

これが、午後までだらだらと仕事を続けて、お出かけも運動もしないとなると、まず、五十肩どころか心身病気になってしまいますからね。私自身の必要性もあり、健康法としてのベリーダンスを教えているのです。

コミュニティサロンなので、前後のお喋りも大切な仕事。いつでも、参加者の声に耳を澄ませられるように、自分自身のコンディションを保つのも仕事のうちです。週イチでピラティスに通い、ロータスに「経絡骨格矯正エステ」を導入したのも、そのためなのです。

●生涯現役のセルフコンディショニングが大切

3 生涯現役の働き方

私が子供を産んだ「育良クリニック」の先生は、もうすぐ七十代。今は理事長特別診療を午前十時半まで行っており、去年久方ぶりにお会いしました。

というのも、卵巣嚢腫の手術後、継続してその大学病院にかかっていたのですが、閉経までリュープリン（女性ホルモンを止める注射）という治療方針が嫌で、自然派の育良クリニックを思い出し、泣きついたのです。理事長先生は、

「もうすぐ閉経だから、治療する必要なし！」

と、三カ月おきの経過観察のみの診断をしてくれました。

「やった！」

といってもその後、不定期に大量の生理や、ホットフラッシュなどの更年期症状に悩まされ、薬を処方してくれるクリニックに転院、また転院したのですが……。

実感として、対処療法を色々提案してくれる先生は、その時はありがたいと思っても、

のちに悔やむことになるのです。結局はカネ儲け主義だったり、患者のQOLは、本当には考えていないんじゃないかと。

私は今かかっている婦人科医の提案（閉経まで六回リュープリンを打って、更年期症状がひどくなったら女性ホルモンをちょい足し）を断って、ホットフラッシュ対策の漢方、桂枝茯苓丸とエクエルだけで乗り切っています。

でも、こっちのほうが安全だし、これでじゅうぶん対処できているのです。リュープリンの副作用はひどく、自然の女性ホルモン激減より、更年期症状が強く出ます。人によるかもしれませんが、私も、私の知り合いも、半病人のようになってしまいました。これではQOLもなにもありません。

その場限りの対処療法に目移りするのも人間のサガですが、育良の理事長はやはりすごい先生なんだなと感じました。経験が生む産婦人科医の勘、というんでしょうか。子宮筋腫がいっぱいあっても逆子でも自然分娩させちゃう先生として知り、娘を取り上げてもらった先生です。

その娘が十三歳になる年に再会。先生は、娘に小学校卒業・中学入学おめでとうの葉書をくれました。私も、六十代後半でまだ現役で働いている先生の姿を見て、嬉しくなりました。朝十時半までという診療時間に最初は驚きましたが、集中力がいる仕事なので、これで当然だなと今は思います。

「それで、先生、午後はなにをなさってるんですか？」

と聞くと、

「このビルの中にあるジムに行って、トレーニング」

と。

「週末は温泉行っちゃうの」

相変わらずぽよよ〜んとした先生ですが、必要なことは全てやっているのです。昔からいる看護師さんも言ってたのですが、今でも先生じゃなきゃできないお産もあるそうで、そこをピンポイントでしっかりこなすには、体力を温存し、体調をキープ、筋力トレーニングも欠かせないわけです。

実は私も、五時頃起きて軽い朝食を摂ってから十時までが、書き仕事の時間です。ここが一番疲れてなく、集中していい仕事ができるので、まさに私の生命エネルギーの「一番搾り」を出せる時間帯なのです。

●年齢とともに、「短時間集中型の仕事」に切り替える

●余った時間は「休養」と「運動」に当てる

事業主もフリーランスと同じなので、自分のコンディションを整えるのが大前提になり

ます。いえ、勤め人であろうと、専業主婦であろうと、生きている限り誰にとっても、それが大前提なのではないでしょうか。

会社員は就労時間が決まっているのでワークバランスを取りづらいということがあるかと思いますが、前項でオススメした、週三、週四だけフルタイムで働く、ということもできるでしょう。こんな例もあります。

ロータスの新ヨガ講師（四十六）は、もともと商社勤務だったのですが、二十代でテニスに嵌り、練習と大会出場のため、退職。派遣の営業として働き始めました。

「みんなにもったいないから辞めるなと言われてたんですが、年の半分は海外出張だったので、テニスがコンスタントにできないのが辛くて……」

普通の価値観なら、目を白黒させるような決断ですが、その後彼女は、今度はマラソンに嵌り、三十代を過ごします。ところが、走り過ぎて足の親指の爪が剥がれ、体力の限界を感じます。

「フルマラソンまで出てたんですが、四十でやめました」

彼女はとにかくアクティブな人なので、動いてないと調子が悪くなるということで、仕事自体をスポーツジムのトレーナーに変えました。これも、なにもそこまでしなくても……という決断です。

そこで嵌ったのが今度はヨガ。

「一生できる運動として、ヨガがいいと思ったんです。今まで、激しく動き続けてきた私にとって、『静』は新しい世界でしたし」

通信講座でヨガ講師の資格を取り、ロータスで三ヶ月練習。今秋からクラスを持ちました。四十六歳は遅いデビューですが、私も、「ベリーダンス健康法」を教え始めたのは四十五歳。これから三十年生きると思うと、決して遅くはありません。

●一日二時間でも三時間でもいいから、なんらかの仕事を生涯し続ける

そういうスタンスで考えると、年を取るのは全然怖いことではありません。また、そのために健康維持をしようという気にもなります。心身の健康は、実は依存心が強いと保てないのです。

●自分の健康は自分で保つ

4 仕事は喜びであると言えるように

どんなに好きな仕事でも、長年やって疲れが出てくると、うんざりしてきます。体力の衰えや過重労働から心身の調子を崩して、それでも生活のために働き続けなければいけないとなると、愚痴も出てきてしまいます。

本当に心身壊して、働けなくなってしまうケースもあるのです。

ロータスで「経絡骨格矯正エステ」をやってもらっているともちゃんは、痩身エステ勤務で体を壊し、退職。三年ほど専業主婦をやっていましたが、折からの不況で下がった夫の給料だけではやっていけなくなり、パートで働き始めようかと思った矢先、私から電話がかかりました。

私は、以前いてくれた「骨格矯正エステ」の美幸ちゃんが諸事情あっていなくなってから、エステティシャン不在のロータスを嘆いていました。ロータスは女性に必要なことはなんでもある、というサロンにしたいという「夢」があるので、ベリーダンスやヨガにプラス、やはりエステも必要なのです。

ロータス会員で大きな寺に嫁に行った容子さんも、元エステティシャン。モンテセラピーという経絡エステを得意とし、それを使ったリフトアップをロータスで教えてもらっていました。週末セラピストも養成し、お顔だけなら上げられるスタッフもいるのですが、全身となるとやはりプロでないと無理です。

「ロータス会員に確かエステティシャンがいたはず……」

と、何年も前の会員名簿をひも解いてみました。そして、会員№三十一のともちゃんに電話をかけたのです。七年前のものですから、そのまんまの携帯電話を使っていたこと自体、奇跡なのですが。

「先生、お久しぶりです。私、虫の知らせか夕べ、モンテセラピーの教科書を取りだして見ていたところだったんです。体を壊してからエステはもうやらないって心に決めていたんですが、そろそろ何かやりたいなぁと思って」

モンテセラピーは日本人鍼灸師がツボと経絡に沿って作った手技で、全身の気の流れを良くして自然治癒力を高め、自分の力で綺麗になってもらうという施術だそうです。

骨格矯正も含まれるのですが、独特の手技で、セラピストの体を壊さない、何歳になってもできる施術として、容子さんも絶賛していました。また、クライアントの気の流れを良くすることによって、自分の気の流れも良くなってしまうので、ウィンウィンの法則が働き、みんながハッピーになれるという。

本当のモンテはクリスタルの粒子を含ませたオイルでするので高額になってしまいますが、ともちゃんはアロマテラピストでもあるので、アロマテラピーとモンテセラピーを融合させ、お手頃価格で提供してくれています。

私はその施術に「気骨ビューティアロマ」と名付けました。ともちゃん自身〝気骨〟のあるセラピストなので、とても合っていると思います。

普通の痩身エステは脂肪揉みだしなどの重労働で、フルタイムで働くエステティシャンは体がボロボロになってしまうんだそうです。そうではない、効果があってなおかつ、施術者にも優しいセラピーを、楽しみで一生、ぼちぼち続けたい、というのがともちゃんの希望でした。

このご時世、個人サロンもなかなか経営が難しいし、勤めに出たらまた元の木阿弥。三十代後半という年齢もあり、もう無理はしたくないと言います。近所のパートに出るぐらい稼げればそれで良く、ガッツリ稼いじゃっても夫のやる気がなくなるからまたそれも恐ろしく、と、ロータスでぼちぼちやってもらうにはちょうどいい感じでした。

基本専業主婦で週二、三回エステティシャン、というスタンスで、フルタイムでバリバりやっている人には「?」という世界かもしれません。が、お金をたくさん稼いでも、心身、また家庭を壊しては元も子もありません。バランス良く生きるには、あくまでも仕事は喜びであると言い切れる程度が肝心なのです。

●もうちょっと働きたい、ぐらいが美味しいところ

いくら美味しいものでも、たくさん食べ過ぎては、そして毎日続いては飽き飽きします。また、次回を楽しみにして準備したり、新しいことを研究したり、自分のコンディションを整える時間もなくなってしまうでしょう。

ともちゃんのバランス感覚のいいところは、夫が日曜日だけお休みなので、日曜は予約を受け付けないというところ。普通日曜といったら、エステは稼ぎ時。休む人なんていません。でもその結果、家庭は疎かになり、家族仲も悪くなって、離婚するエステティシャンが多いのです。

もちろん、過去十年間、体を壊すほど施術してきたからこその技術、というのはありません。でもそれは、若いからできたこと。

私も感じますが、二十代から三十代、昼夜徹して書き続けた経験があるから、目をつむっても文章は書ける。でもそれを三十代後半からも続けていたら、とっくに致命的な病気になっていたと思います。

●大好きな仕事を嫌いにならないためには、楽しい範囲ですること

そんな贅沢な、とお思いでしょうが、選択するのは自分です。女性の場合、結婚相手に基本的な生活費を出してもらうという選択肢もあるので、楽しい範囲でできる仕事を選びやすいと思います。

「そんなものはなー、プロとは言えん‼」

と、思われる方も多いかもしれません。でも、私の周囲では、そうやっていい状態で仕事をし、家庭とのバランスも取っている人が結構いますよ。楽しみにやっているので商売っけがなく、精神的余裕があります。好きなことだけに知識と技術は確かだし、安心して任せられます。

私もロータスで「気骨ビューティアロマ」を受けるようになってから、綺麗になっただけでなく、体調が良くなり、治療院通いが必要なくなりました。整体、鍼灸、と色々な場所に通うのも年を取ると面倒ですからね。

5 お金か、時間か？　我慢か、自由か？

長年会社員をやってきた四十代女性によく聞くのは、「割に合わない」ということです。

「これだけ献身してきたのに、リストラに遭った」

という人もいます。それはなにか、

「これだけ尽くしてきたのに、捨てられた」

と似ているような気がします。

外資系の会社は特に、

「こんなにできるかっていう仕事の量を押し付けられ、心身壊したら使い捨て」

と聞きます。そうやってボロボロになった私の友人は、夏休みにアメリカはシャスタ山の民宿に一週間泊まり、人生を考え直したといいます。

「なんにもやんなかったんだよ、一週間。庭で昼寝したりして。なんもなかったしね。小さい町まで車で十分ぐらいで、たまに宿の主人に連れてってもらったんだけど、二時とか三時ぐらいに店閉まっちゃうんだよ」

朝十時ぐらいに開けて、午後三時には閉店という店が多く、店の主人はお年寄りが多かったとか。

「みんな元気で機嫌良くてさ。毎日四、五時間ぐらいなら、死ぬまで働けるよね。そういうワークバランスで生きられたらいいなぁ」

と一年前に話していた友人は、とうとう会社を辞めました。

もともとフリーランスで、不況のおり仕事が減り、生活のため働き始めたのですが、外資でいくらお給料が良くても、

「あれはなかったわ〜」

と言います。

「人間の生活じゃないよ。この私が、会社でキレたりしてた」

穏やかで、どこか冷めたところのある女性なのに……。

「この一年、お金なんかいらないから辞めたい！って毎日思ってた」

しかしお金は確かにたくさんもらえ、勤めていた何年間かで、海外旅行も結構行ったし、当面の貯えもできた。と、これはこれで良かったのではないでしょうか。

「周りはすごいエリートで、尊敬できる人ばっかりだったし」

と、これも外せないポイントです。

結局、物事にはいい面と悪い面が必ずあり、良いとか悪いとかジャッジするのも人間のエゴ。詰まるところ個々人の「選択」でしかないのです。人それぞれ体力も能力も違うし、激務を定年までこなしてへっちゃらの人だっています。

●自分の体力、気力、能力を鑑みて、最善の道を選ぶ

のが、上手に生きるコツです。もう一人、会社勤務の不調からヒーリングの道に進み、退社して結婚した女性がいます。

ヒーリング一本で食べるのはなかなか難しいと思いますが、食べさせてくれる夫がいれば、それはそれで成り立ちます。子供がまだ小さいので手もかかるし、たまにしか仕事がないのも、ちょうどいいバランスです。

前出の彼女は四十代独身ですが、私は盛んに、日本人がダメそうなら外国人はどう?と勧めています。ロータスには四十代独身者が多いのですが、「年齢的にもう相手がいない」という方には、外国人がいいよとアドバイス。

そもそも日本人男性は恋愛体質じゃないので、女性を求める気持ちが薄いのです。若い頃に出会ったのならまだしも、四十代以降は出会いもなければその気もない、という人が多いのではないでしょうか。

四十代でも、実家暮らしで家賃がかからなければ、そんなに稼がなくてもやっていけます。好きなことを仕事にして、ぼちぼち楽しくやっていくことも可能なのです。ただ親が過干渉だったり、家族と折り合いが悪ければ居心地が悪いでしょう。やがて親の介護が入ってくるのも目に見えています。

親元暮らしの四十代独身女子で、楽しくやっている人は、ネットで外国人サークルに入り、たまにオフ会などに参加しています。

「外国人は自分の考えをガンガン言ってくるから楽しいですよ。人と話してる気がする。女好きもストレートに表現するから分かりやすいし。別に何をするわけでもないけど、自分がまだ女なんだなって気持ちにさせてくれる」

フリーランスの仕事はたまにしかないので、ナニゲで就活もしているのですが、それもどっちでもいいと言っています。

「いい人がいたら、結婚してもいいし」

流れに任せる、というスタンスがとても素敵で、なにより健康的です。思い詰めて病気になるより、「いいかげん」に生きたほうがいい。

●「いいかげん」は「良い加減」

何につけても、自分が「こうしたい」ということがままならなかったとしても、残念に思わないことです。それはそれでよしとする。「お金」がなければ、「時間」はいっぱいあるでしょうし、「我慢」が嫌で「仕事」も「家庭」もやめれば、「自由」は限りなくあるでしょう。

もし、身近な誰かの生活が羨ましくなったり、自分を卑下してしまいそうなことがあったら、こう考えてみましょう。その代わり私には〇〇がある、と。

誰でも、隣の芝生は青く見えるものです。あなたが羨ましいと思っている誰かは、実はあなたのことを羨ましいと思っているかもしれません。

たとえば私ですが、

「理香さんは自由でいいよね」

とよく羨ましがられますが、なんの「保障」もないですからね～（笑）。

6 結婚生活も仕事と考えよ

若くてラブラブの頃はともかく、結婚生活も長くなると、夫婦の仲は冷え切り、夫は頑固オヤジ化。モラハラが日常的となり、妻も更年期のイライラで耐えきれなくなって、夫婦喧嘩が激化～離婚というケースをよく見聞きします。

人により、その不満を内に封じ込め、ある日突然出ていくケースもあるそうです。なにしろ原因を言わないので妻には理由が分からず、夫は一人暮らしを始めてウン年。二軒分の家賃を支払うのはキツイという理由で、離婚を申し出てきたといいます。

子供のいない夫婦で、妻のほうは以前と変わらず仲良く普通に暮らしていたと言います。もうすぐ五十ですがブスでも太ってもいないし、性格も悪くない。でも夫のほうは、「もう耐えきれない」「一人になりたい」の一点張り。

こんなケースは他にも多々あるのです。妻に非があるわけでもないし、他に女ができたわけでもないのに、「結婚生活」自体に耐えきれず、離婚を申し出る夫。

人一人にすら責任を負うのが重過ぎる人が、増えているということでしょうか。生命力自体が減っているのでしょうか。こんなんじゃ、草食男子、絶食男子の増加も致し方ないですよね。

あとあとの責任を回避したいから、食う前に絶つ、みたいな……。

肉食系の夫を持った妻の場合、家事と子育てプラス夫の両親の介護まで、二十年余一手に背負って頑張ってきたにもかかわらず、外に女を作って離婚を申し出られるケースもあります。お金持ちにありがちなケースですが。

でもこの場合、理由がハッキリしているし、離婚調停後、慰謝料をガッポリ取れるので、それはそれとして諦められるでしょう。心の傷はともかく、生活は安泰です。

もともと、美人でお金持ちのマダムだった方なら、五十代〜六十代でもお綺麗だし、人生仕切り直しも可能です。もう一度、さらにお金持ちの男性と、もしかしたらもっと若い人と、結婚することだって可能なのです。

問題なのは、容姿も並、収入も並、年だけ取っている私のような女性たちです。読者の方は、私ぐらい名前と顔が出ている作家なら、収入も人並み以上で、

「先生ほどの方が、なんで我慢して結婚生活を続けているのか分からない」

と言われることがよくあります。が、さにあらん。今時、食える作家なんて氷山の一角

ですから（笑）。

私はリーマンショック以降、仕事が激減して、しみじみ思いました。

●子はかすがい

と。子供がいるから夫も頑張って働いてくれ、なんとか一家が暮らしていくことができているのです。夫もフリーランスなのに火事場のバカ力というか、このご時世に仕事が続いているのはありがたいことです。

でも結局、家事と育児の一切を引き受け、夫を働きやすくしてあげているのは私なので、生活費を入れてもらっているのは当然。それは私の家事労働のお給料だと思っているのです。

夫が毎月入れてくれる最低限の賃金で賄えないものは、私の稼ぎで賄っているので、「自由」もあります。ま、威張って言うほどの金額でもないですが、一〇〇％専業主婦だと、やはり相当気をつかって生活しなければならないので、それは私には無理です。

「欲しいお洋服があるんだけど……」

なんて、夫に媚びることは私にはできません。エステやピラティスに行くお金も、白髪染めに行くお金も、全部夫におねだりしなきゃならないとなると、もう出家したほうがマシですよね。

一時、年収が百万を切り、扶養家族になったこともあります。その時は、「家計簿をつけて毎月見せれば、もっと生活費を入れてやってもいい」なんて威張られましたが、家計簿をつけるぐらいなら死んだほうがマシと思っていたら、図らずもベストセラーが出て、免れたのです。ホントにアレには助けられました。貯金も底をついていましたからね。

このように、私でも生きていくのは大変なのです。もしあなたが結婚していて、夫が少なくとも生活費を入れてくれている状態なら、家事を「仕事」と思って続けたほうがいいです。足りない部分は「副業」で賄うと。

逆に、フルタイムで働いていて、夫が専業主夫、あるいは家事を半分負担してくれているなら、それもラッキーだと思ったほうがいい。四十代以降は、自分の加齢と更年期が襲ってくるので、子供がいたりしたら家のこととお金のこと、全部を負担するのは大変ですから。

●屋台骨が壊れてしまったら、家はおしまい

返す返す言うようですが、一番大切なのは、自分の健康管理です。家族がいる人は家族の健康管理もついでにやってあげましょう。ホントは自分ですべきですが、男の人は、大抵できないですから。

今、四十代で離婚を考えている人は、それが一時の感情に任せた判断ではないかどうか、もう一度よく考えてください。判断つきかねて占い師のところに走る人もいるでしょうが、占い師は、あなたの嬉しい答えを出すのが商売です。あとの責任は取っちゃくれません。

一人で生活できるだけの収入があるなら、子供がいる人はそれで子供が育てられるなら、別れてもいいかもしれません。でも、自分が病気や怪我をした場合を考えると、やはりパートナーはいたほうがいいと思います。

四十代以降のワークバランスを考えても、「家のこと」と「仕事」、両方あるほうが、バランスが取りやすいのではないでしょうか。

膝

両足を揃えて立ち、膝に両手を当て、左右に数回回す。

腰

腰に手を当てて、膝はゆるめて立つ。左右に数回回す。

胸

両手を腰に当てたまま、胸を左右に数回回す。

両手両足首

後ろと、前に数回回す。

肩

外側と内側に10回ずつ回す。

首

首の重みを使って、左→右、右→左とゆっくり丁寧に回す（ぐるぐる回すのは危険なので、後ろは回さない）。2回繰り返したあと、中央からゆっくり上に起き上がる。

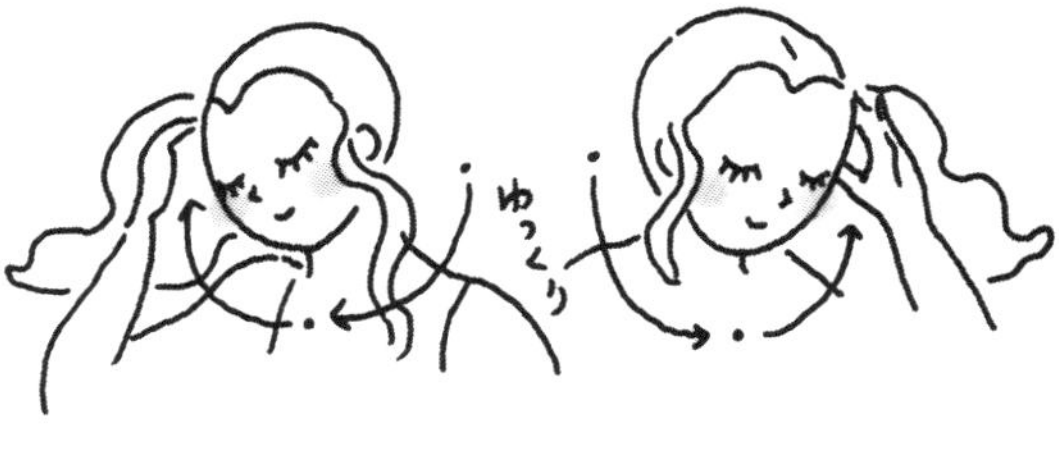

第4章 大人女子を綺麗に見せるオシャレ

1
アラフィフからの〝痛くない〟オシャレのコツ

いくらアンチエイジングを頑張っても、ダイエットやフィットネスで若い頃とおんなじ体形を保っても、五十過ぎるとどことなくオバン臭くなってきます。ここで、まだまだ〜、と足掻くと〝痛い〟印象を与えかねません。

ま、人から見てどうでも、わしゃこのファッションがええんじゃという方は、それでもいいのですが。オシャレというのは、自分が着て心地よく、気分がＵＰし、他人さまから見ても麗しいのが望ましいと、私は思うのですよ。

●オシャレは人から見てもオシャレであること

まず、トレンドがどうとか、自分の趣味がどうとか、という問題より、

●似合っていることが大前提

なのです。

長年の思い込みで、私にはこれが似合う、と思っていた服でも、年とともに似合わなく

なります。でもそれは悲しいことではなく、むしろ、新しい自分を知るチャンスでもあるのです。

私も、何十年と個性的ヘアとファッションを楽しんできましたが、三十代後半からゲイ友の忠告で、普通の女の人の恰好をするようになりました。四十代はまだ、夏など頭頂お団子ヘアにあっぱっぱーなワンピースに下駄、などという、面白い恰好をすることもありましたが、五十代はさらに〝普遍化〟が進みます。

五十三の今、一番似合う恰好は普通の恰好なのです。夏ならTシャツに膝丈スカートにサンダル、春秋はジーンズ＋トップス＋カーディガンか、ワンピース＋カーディガン。冬はワンピースの下にタイツかスパッツ＋ダウンコート。

大好きな頭頂お団子ヘアも、家に居るときはたまにしますが、出かける時は後頭部、低めの位置に作ります。「ベリーダンス健康法」を教えるときや、取材で人に会う時は、ちゃんと髪も下ろして綺麗に見せます。

家で仕事や家事労働をするときは、もちろんまとめていますが、

●髪もある程度の長さがあったほうが、五十代以降は綺麗に見える

というのが、私を含めて周囲の大人女子を観察していて感じるところです。

つまり、人が思う「女性」というものの、普遍的な姿をしていたほうが、美しく見える

ということです。それは、どんな人であっても。

若い頃、美大生であった私は、オシャレとは個性である、と思い込んでいたので、フツーのカッコなんてバカみたいじゃん、と、多くの人と同じであることを拒んでいました。でもそれだとモテないし、この年になってみると、似合いすらしないのです。同性からですら、好感も持たれません。

個性的なファッションというのはたぶん、若い肉体とエネルギーでパンパン!!としていないと、着こなせないものなのでしょう。五十も過ぎると、ただのおもろいオバチャンにしかなりません。

不思議なのですが、かなり体格のいい五十代女性でも、体形カバーのぶかぶかした格好をしているより、ボディコンシャスなワンピースを着たほうが綺麗に見えるのです。デザインもオーソドックスで、〝ちゃんとした格好〟のほうが麗しい。

これはたぶん、肉体が衰えているから、きちんとした格好をしないと、だらしなく見えてしまうんだろうと思います。四十代まではまだ、ノースリーブのストンとしたワンピースで街まで出かけていましたが、今ではそれは、部屋着にしか見えないので家で着ています。

●二の腕、太ももは出さない方向性で装う

そのほうが、綺麗に見えます。細くても、太くても、これは同じです。半袖は、フレンチスリーブぐらい短いものでも、あったほうがいい。脇の下のハミ肉がハレンチなのですよ。ハレンチ、という言葉も死語ですが。

自分に似合う服装が分からないという方は、手頃なブティックの販売員に選んでもらうのがいいです。自分では、

「ええ?! こういうのは着ないなぁ……」

というのが、意外と似合ったりしますから。

この現象は、私も四十代に初めて経験しましたが、自分の〝変わりよう〟は、案外自分では分からないものなのです。赤ちゃんだった子供が中年になっても、親は小さい子供のままの印象を持つのと同じです。

大人の女性としての自分を、客観的に見てくれるのは、初めて会った人。ブティックの店員さんなんて、最適のファッションアドバイザーです。

若かりし頃、かなり個性的なファッションをしていた私の友人たちも、四十代以降はオーソドックスな恰好をしています。パツパツのゲイファッションだったゲイ友も、今では素敵なオジサン、に見える恰好をしているのです。さらっと白いシャツにベージュのコットンパンツ、とか。

私も、かつての私からは想像もできないフツーの恰好のほうが綺麗に見え、本人も気に入っています。今年の春夏のヒットは、白のコットンシャツにジーンズ。オーバーブラウスになっていて、二の腕、太ももの気になる部分もカバーしてくれるし、家で洗えて干しっぱなしでまたパリッと着られます。

巷で気になったのが、今年はロングカーディガンが流行っていて、猫も杓子もロングカーディガンを着ているのですが、人によってはだらしなく見えることです。私も、ブティックで着てみて、自分には似合わないことが分かったので、買いませんでした。

ファッション誌や通販番組のモデルさんが着ていて素敵でも、実際自分が着てみて似合わなければ、それはオシャレではないのです。

2

歩きやすい靴とオシャレ専用靴

年を取ってもハイヒールで闊歩するマダムもいらっしゃいますが、大抵はアラフィフともなると足が痛くなります。ぺったんこ靴ならいいというものでもなく、これもまた足が痛くなります。

四十代後半にmelissa（メリッサ）のPVC素材の靴が流行り、近所のおしゃれママたちがこぞって履いていました。私も真似して買ってみたんですが、ぐええっ。時間の経過とともに、靴は知恵の輪みたいに足を締め付けてきます。出かけて数時間後にはもう、拷問のように痛くなってしまうのです。

靴擦れとかいう問題ではなく、「足」が痛くなるのです。高い靴ならいいというものでもなく、三万円近くしたオペラシューズもNGでした。

足の形の問題もあると思うのですが、先細りデザインのオペラシューズを履いて渋谷の坂を下っていたら、親指の爪が食い込んで、根元が内出血。その血豆は、爪が生え切って切れるところに出るまで残りました。

私は三十九で妊娠した際、ビルケンシュトックのサンダルに嵌り、四十代中頃まで履いていました。でもそれは年齢とともに、どこか筋金入りの健康オタク、エコオバサンに見えてきてしまったのです。それで、ぺったんこ靴ならオシャレなものでも楽なんじゃないかとトライしたのですが……。

私は痛い足を引きずりつつ、青山のＢＡＲ（ベア）に赴きました。ドイツの健康靴屋さんで、ビルケンよりは色々デザインのバリエーションがあって、普通のオシャレ靴に見えなくもない。私は黒のハラコのぺったんこ靴を買いました。ぺったんこでも、柔らかくたっぷり目なので、足が痛くならないのです。

三万円ぐらいしましたが、三年はヘビロテで履いたので、元は取れました。

●アラフィフの足問題は、ウォーキングシューズで解決！

その靴がクタクタになる頃、今度は「ぎっくり腰」がやってきます。加齢で筋力が低下し起こる悲劇。やはり筋力強化にウォーキングをしなければならないということになり、前出のＭＢＴを購入。

夏バージョンも、普通のおしゃれサンダルに見えるデザインのものをゲットしました。バーゲンで一万六千円。しかも軽くて何時間履いても疲れず、素足で靴擦れもできません。

ＭＢＴはサンダルでもしっかり踵は固定すべく、ベルトが付いています。加齢にも段階があり、四十代まではまだ踵のないつっかけスタイルでもいいのですが、五十代以降はきちんと踵固定型をオススメします。着脱が面倒ということもあるのですが、しっかり歩くためにはそのほうがいいのです。

年を取ると足が板のように固まってきます。第一章でご紹介した足マッサージもさることながら、足の裏をちゃんと使って歩く、ということが必要なのです。

人間は、裸足で土を踏みしめて歩いていた生き物ですから、その運動と疎遠の何十年を送ることで、足が固まってしまいます。それが、故障のもとなんですね。足が痛いとウォーキングどころか、日常生活に支障が生じます。

「でも、ウォーキングシューズはやっぱりオシャレじゃない」

と言う方も多いでしょう。はい。オシャレ靴は、歩かないときに履けばいいんですよ！

私も、ハイヒールの華奢なサンダルに思いが残り、履けもしないのに買っちゃうことがたまにあります。だから、それはお食事に行くときなど、車で移動して絨毯の上を歩き、車で帰ってくるときだけ履く。

●華奢なハイヒールは、お素敵な機会限定で

車もバレットサービスがある店やホテルだと最高ですね。

この夏も、ハワイでオシャレなサンダルを買ってしまいましたが、歩くと痛いので、車に乗る時だけ履いています。ハイヒールでなくても、ペタペタと歩きづらいことこの上なし。〝つっかけ〟にしかならないのは分かっていましたが、オシャレなので買ってしまいました。ネイルも夏仕様にしたので、このサンダルを履くと気分UP！　つっかけるだけの楽さも捨てがたいのです。

●車移動のときは、つっかけサンダルも楽しむ

もともと、英語では靴を履く＝ware shoesなので、服装に合わせて〝着る〟感覚。なので、これは別物に考え、あくまでも日常、歩くために履く靴はウォーキングシューズがオススメです。今ではお手頃価格のおしゃれウォーキングシューズもたくさん出ているようなので、色々試してみてはいかがでしょうか。

●オシャレ心も捨てきらず、ウォーキングシューズデビュー

私の友達は五十で足が痛くなり、今では毎日ほとんどスニーカーで生活しています。スニーカーに合わない服装のときは、おしゃれウォーキングシューズ。

見た目、ちっともウォーキングシューズに見えないものもあるので、正式の場に赴くときもOK。スニーカーもオシャレなものが多いので、パンツスタイルが多い方など、選択肢が多いですよね。

私はスニーカーに合う服装というのが似合わないので、ウォーキングシューズかオシャレ靴の二者択一を迫られます。

旅に出るときは、ウォーキングシューズで出かけて、オシャレ靴は持っていきます。素敵なところでオシャレしてお食事の時だけ、履き替えるのです。

足が痛くならないためには、足の裏や甲をよく使った運動やマッサージがオススメ。「ベリーダンス健康法」も裸足で踊りますから、足裏の感覚をよくつかめます。この本に載っているストレッチとベーシックムーブだけでも裸足でしてみると、足の柔軟性が高まりますよ！

夏などは裸足で生活する、冬も五本指ソックスで生活すると、家の中でもますます足裏の状態がよくなりますね。

機会があれば、ビーチなど裸足で歩いてみたり、お庭に芝生などあれば、裸足で踏みしめてみるといいですよ！　青竹踏みや、マッサージボールを踏んでもいいでしょう。

3 大人女子の下着問題

下着こそ、オバン臭くなるかどうかの境目なのではないかと思います。

「外からは見えないから、別になんでもいいじゃん」

と思ったら途端にオバン臭くなってしまいます。なぜなら、

●オバン臭さは「気持ち」から

いくら容姿が年齢より若々しくても、雰囲気は開き直ったオバサンになってしまう。それこそが、オバンの証明なのですよ。

女性というのは、どれだけ高齢になろうと、女性らしさを楽しむと、女らしく愛らしくい続けられます。下着のオシャレは自分のためのものであって、外からは見えなくても、漂う雰囲気で分かります。

私は母が死ぬまで肌色のボディスーツを着用していたので、どうしてもベージュの補整下着というのは、オバンの象徴のようで受け付けません。でも昨今、オシャレでカラー展

開やデザインも豊富な補整下着が出ているので、やはり補整下着でなければ、という方はベージュ以外のものを選んではいかがでしょうか。

私も体験取材でbloom（ブルーム）の補整下着を着用してみましたが、昔のものほど苦しくもなく、Bカップだと思っていたものがなんと驚きのEカップだったのです。フィッターさんにするすると〝入れ込み〟をしていただくと、あれよあれよという間に色んなところからお肉が集まり、豊かなお胸の出来上がり！

これには驚きました。脇の下の「はみ肉」がきれいに納まり、これならノースリーブもOKそう。なにより、バストトップがツンと上向きになり、洋服が綺麗に見えたのは感動ものでした。私の、いつも着ているユニクロのブラトップではお椀形のBカップだったお胸が、高級なEカップになっていたのです。

取材後、周囲の大人女子にその話をしてみると、みなさん結構、補整下着を愛用なさってるんですね。Bloomのフィッティングルームにも行ったことがあるという人もいたし、ブラデリスは七十近い方も愛用していました。みなさん下着のオシャレにもこだわっているんだなぁと。

「通販で買えるんだけど、最初はちゃんとフィッティングしたほうが、正しいサイズが分かるかなと思って……」

と言うのはぽっちゃり目のアラフォー女性。お胸も確かに立派です。

細めの六十代後半女性は、

「だって補整下着でお肉を集めて作らなきゃ、胸なんかないもの」

と笑っていました。我が母も、

「ボディスーツ着なきゃ、肉が流れっぱなしで形になんない」

と言っていました。洋服を着た時、ボディの形がちゃんとしてないと美しくないということです。下着をファンデーションというのはなぜかと長年疑問でしたが、そういうことだったんですね！

しかし私自身は、ふだんゆっる〜い下着しか着けないので、補整下着の威力を知っても、続けて着ることはできませんでした。なにしろ、家ではノーブラ、出かけるときもユニクロのブラトップという生活が、もう十四年以上続いているのです。出産後、授乳ブラ付き肌着の楽さを知り、戻れなくなったためです。

更年期に入ってからは皮膚の痒みも出てきたので、もうできるだけパンツの線は当たらない、ゆるいものを選ぶようになりました。ゴムの部分を包み縫いしてあるへインズの綿パンツを長年愛用していたのですが、これは日本では手に入りづらく、去年の夏とうとう手を出したのはふんどしパンツ。

これは、通気性のいい日本手ぬぐいに、クルミ縫いしてあるゴムでウエスト部分を作った素晴らしいもの。ホットフラッシュで大汗をかき、寝苦しい夏にぴったりなのです。めっちゃスースーしてムレません。当たるところがないので痒みも出ないのです。

ただ、これらはオシャレとは程遠いので、出かけるときはパンツまで履き替えます。お出かけパンツはヴィクトリアシークレットの綿パンツ。海外旅行に行った際まとめ買いをするのですが、デザインが可愛く、ビキニにしては履きやすく、わりとたっぷりしています。カットが立体系なのか、体が分厚い私には、外国製のパンツのほうがぴったりくるのです。海外の方は大柄の人が多いので、サイズもSサイズが日本のMぐらいで、なんだかサイズ感で気分も若返ります。

体が薄いタイプの方は、今時ユニクロでも可愛いパンツが売られているので、何歳になっても可愛いパンツを履き続けてもいいのではないでしょうか。

●パンツぐらいは何歳でも可愛いものを

誰かに見せるわけでもないから、逆に自由です。アメリカのヴィクトリアシークレットには、若い子だけじゃなくて、大人女子がわんさか買いにきています。よってサイズもかなり大きいものまで用意されているのです。

縫い目が肌に当たらない、痒くない下着ラインは、グンゼのキレイラボがオススメです。

私はここの白いタンクトップ肌着を愛用しているのですが、シンプルなデザインで痒くならず、心地よいのです。アマゾンでも買えます。

パンツもあるのですが、縫い目のないパンツというのがどうも絆創膏っぽくていただけません。履き心地は確かにいいのですが。

キツイ下着が嫌いな私は、体形維持に運動をするほうがずっとマシだと思ってしまいます。Bloomのフィッターさんにも驚かれたのですが、胸から下は、補整下着で作る形を、自力で維持しているのです。

これもひとえに、「ベリーダンス健康法」のおかげ。この本に出ているベーシックだけでも毎日やれば、あなたも補整下着いらずになれますよ！

●補整下着か、運動か？　それが問題だ

4 白髪染めはマスト

コスメやサプリ、運動とライフスタイルでどんなにアンチエイジングを頑張っても、白髪だけは染める以外、手がありません。抜け毛予防、育毛に関しては、専用トニックとスカルプケアで改善の余地はあるのですが……。

そして、今の四十代、五十代、六十代、いやさ七十代は顔も体も若々しく、白髪が似合わない人が多いのです。ライフスタイルもかつてのものとは違うし、白髪だけマメに染めれば、まだまだ現役の女として通用しそうです。

●白髪染めだけは諦めないで！

私自身も含め、周囲の四十代〜五十代女性を見ていて、まだまだ若くて綺麗なのに、白髪が目立ってくると残念な感じがしてしまいます。私など二週間に一度染めているのですが、生え際がキラキラ目立ってくると、娘に、

「カーチャン、次の白髪染めいつ？」

と聞かれてしまうのです。辛辣な表情で。ガッカリするのは異性だけでなく、老若男女というわけです。

白髪も遺伝的要素が多く、年齢を重ねてもあまり白髪の出ない人もいれば、かなり若い頃から増えてくる人もいます。我が夫は五十でまだ目立つほど白髪はなく、脱毛もありません。女性でも、五十代で白髪染めが必要ない人もいるのです。

私は母譲りの若白髪。三十代から白髪が目立つようになり、三十代後半には一カ月に一度、四十代では三週間に一度、五十代になると二週間に一度、白髪染めに通うようになりました。

「クリームバス恵比寿」というバリ式ヘアエステで、お手頃価格にてヘナと肩マッサージを。ヘナを扱う美容院やヘナ専門店も出来ているのですが、値段が張るところがほとんどなので、私はずーっとここでやってもらっています。

もっといくと、一週間に一度染めるという方もおられるそうで、その時間と経費がハンパないと思います。私は自然派のヘナで染めているのですが、ケミカルな白髪染めの場合、普通の美容院でレタッチという、生え際だけ染めるコースもあるので、そういうのも利用すると半額ぐらいで済みます。

あまりお金をかけたくなかったら、市販の白髪染めを使って家でする手もあるのですが、ケミカルな毛染めが合わない場合、頭皮にダメージを受けてしまいます。私の友達は、五十代で美容院の白髪染めで頭皮に湿疹ができ、治るのに三週間ほどかかったのです。

人によって、ケミカルな毛染めも全然平気、という人もいますが、私は経皮毒も気になるのでヘナにしています。ヘナは草木染めで、緑のペーストを湿布している間に、髪のトリートメントと頭皮クレンジングもできるので、コンディションがとてもよくなるのです。

自分で乾燥ヘナを買って、ペーストを作り、自宅でする方法もあります。今ではアマゾンでも色んな種類のヘナが売られていて、ペースト状のチューブ入りレタッチ用もあります。

私も収入が激減した際には、昆布原料の白髪染めにトライしたことがありますが、あまり上手く染まりませんでした。今後、また収入が減った際には、今度こそ自宅ヘナの技術を高めるしかないなと（笑）。友達のアーティスト系はみんな、自宅ヘナで白髪染めしていますからね。自分でやる場合、技術料は無料。

●お金がなければ、時間はある！　自宅ヘナにトライ！

ヘナの種類や、温度、湿布時間、色々で効果が違うと思うので、ここは研究と経験しかありません。一〇〇％ヘナの場合、あまり染まらないため、定着剤を使ってあるヘナのほうがいいという専門家もいます。定着剤はもちろんケミカルですが、それはもう必要悪と捉えるわけです。

●多少のケミカルは必要悪と捉える

一カ月に一度はサロンで、中一回は自分でレタッチ、という方法もあります。コーム付き白髪マスカラも数々出ているので、利用しない手はありません。ひっつめ髪だと生え際の白髪が目立ってしまうので、髪形を変えた人もいます。

どっちにしても、白髪は目立たないようにしたほうが、自分の気分もＵＰします。ここが重要で、人様から見た目の話だけではないのです。

私のベリーダンスの師匠ミッシェルはかつて、白髪の長髪を振り乱して踊る八十歳になりたいという夢を語っていましたが、今はまだヘナで染めています。私も、白髪が似合う顔と体になったら、ヘナもやめて白髪になろうと思っていますが、それはいつのことでしょうか。

我が母は七十三で他界しましたが、最期まで白髪染めをしていました。末期癌で一度退院して家に帰ったとき、真っ先に白髪染めに行ったのです。なので死に姿も、綺麗なものでしたよ。寝ているようでした。

死ぬまで綺麗でい続けたいというのは、女性として当然のものだと思います。それが女らしさ、可愛げというもので、お婆ちゃんになっても愛らしい存在でい続けられるコツだと思うのです。

私は赤ヘナで染めていて、太陽に当たると白髪の部分が赤く見え、メッシュを入れたようになっています。それぞれの髪質や地毛の色によって色々に変化するようですが、私は全体が薄いピンクをかけたようになるのです。なので、黒髪より軽い印象になり、それも気に入っています。

ロータス最年長メンバー（六十八）の女性は、ブラウンヘナで自宅染めしているのですが、なぜか薄い紫色に変化しています。それはそれでとてもオシャレで素敵なのです。薄い色の髪は、カラフルな服が似合います。彼女はお洋服もテレビショッピングで色々試されていて、いつも周囲を楽しませてくれます。

5 ネイルサロンデビュー！

私は五十三歳で初めてジェルネイルというものを経験し、これまでの苦労はなんだったんだろうかと後悔しました。爪が薄く、すぐ欠けたり二枚爪になってしまうので、生涯伸ばせないものと思っていたのです。

速乾ネイルカラーはすぐ剥げてしまうからたびたび塗り直さなきゃなんないし、爪は常にぎりぎりの最短でした。爪を伸ばして綺麗にネイルアートなど施してある女性たちを、爪が強いからできるんだわと、妬んでいたのです。

ネイルサロンも苦手でした。エナメルのネイルサロンは乾くのに時間がかかり、気が遠くなるような時間を退屈なネイルサロンで動かずに待たねばならないのが苦痛でならなかったのです。

ところが、ここにきてロータスで市価より安くジェルネイルをやりたいというネイリストが現れ、試しにやってもらうと、あらびっくり。カルジェルというのはエナメルとは全く違うもので、赤外線を当てる箱に手や足を突っ込むと、あっという間に固まってしまうのです。

●落ち着きのない人でも、ジェルネイルならOK

そして一カ月過ぎても剥がれない、壊れない。伸びてきて、さすがに邪魔だわ〜、と感じるまで、塗りたての綺麗な爪が続くのです。

最初、ピンクの単色を塗ってもらったので、伸びた根元が目立ってきてしまい、気になりましたが、二度目からは半分下を透明ジェルにしてもらうと、伸びても綺麗。上半分に色を塗り、ストーンやゴールドのシェルを使ってアートを施してもらうと、いつでもジュエリーをつけているようで気分UP！

自分でこれを経験するまでは、いつもネイルアートを綺麗に施している大人女子を見るたび、

「ふん、独身だから爪に時間も金もかけられんのよ!!」

と揶揄していましたが、別に、やろうと思えば誰でもできるんだなと。

自分にはできなかったけど、指先のオシャレをちゃんとしている女性を、私は同性から見ても素敵だと思っていました。その半面、

「あんなに爪を伸ばしていられるのは家事をしてない証拠」

と、心の中で非難していたのです。毎日鬼のように激しく炊事と掃除をしている私には、到底無理だと。

予想通り、最初のピンクは、二週間目、家事で一番負担のかかる人差し指と中指が欠けました。ストーンも取れ、やっぱり自分には無理だと思ったのです。でも二回目、トップコートを三回塗りしてもらうと、ストーンも取れないし、爪が伸びなかったら塗り直さなくてもいいほど、強い爪になったのです。

強い爪は、私の憧れでした。ボロボロの爪に悩んだ揚げ句、ドクターネイルという高い爪専用美容液も買いました。でもそれで爪が強くなるということもなく、お蔵入り。

「でも、持ってるんだったら、塗ったほうがいいですよ。ジェネルイルも保湿してあげると持ちが違うから」

とネイリストに言われました。

「でもジェルネイル塗ってたら、浸透しないでしょ？」

と聞くと、

「爪の周りに塗ると浸透しますよ。爪の先の裏とか」

と教えてもらいました。

なるほどー、と思い、夜寝る前にドクターネイルを爪の周りに塗るのが、私のベッドタイムの癒しのひとときになったのです。

「あとは、慣れもある。長い爪に慣れてると、指の腹で作業するのが癖になるから。爪を傷つけない手の使い方ができるようになるんですよ」

これも、自分で実際にやってみて、初めて分かりました。長い爪を綺麗に塗ってるから、その爪を見せびらかすような手使いをしているんだと思っていたけど、せっかく綺麗にアートした爪を傷つけないために所作が独特になるんだと。そしてそれは、図らずも女らしく見える。

お酒を注ぐ所作など、水商売の女の人に見えるのです。ネイルアートをしていると。そういうものに対して、ＬＯＶＥ＆ＨＡＴＥの感情をずっと抱いてきたけど、自分がこの年になると、今更、良妻賢母とか糟糠の妻を演じる必要もないかなと、開き直りにも似た境地に至ります。

なにより、エイジングは手が顕著です。若い頃なら爪もすっぴんで綺麗ですが、五十代以降は逆に綺麗に塗られていたほうがいい。周囲も自分も、まだこの人は、自分を大切に思っているんだなと、認識できるから。

自分がネイルサロンデビューするまでは、毎月ネイルサロンに予約を入れ、二時間から三時間そこで過ごす女性たちを、

「は〜、お疲れ様なこった」

と思っていましたが、それは実は、男並みにバリバリ働いている彼女たちの、女を取り戻す大切な時間だったんだなと、気づいたのです。

なんでも、経験してみなきゃわからないことです。ネイリストとお喋りしながらの数時間も、同世代なら楽しい時間になります。今ではジェルネイルのサロンも増えたし、友達の中でジェルネイルの資格を取った、なんて人もいるでしょう。練習台になってもいいから、やってもらったほうがいいですよ。

●年を取ってからのジェルネイルは、新しい発見がある

新しいことを経験すると、前頭葉が活性化され、若返ります。古い習慣に別れを告げ、新しいライフスタイルを取り入れることは、アンチエイジングに貢献するのです。なにより、自分で手を見てうっとりできるのがいいですよね♡

6 ヘアメイク情報はマメにチェック

大人女子が「化石」に見えるか、「今」を生きている素敵な女性に見えるかは、ヘアメイクにかかっていると言っても過言ではありません。青春期＝三十年前のヘアメイクをしていては、古臭いことこの上なし。

若い子がやっているトレンドをそのまま取り入れても痛々しいけど、ちょっとしたニュアンスで今風に、あか抜けて見えるので、大人女子用ファッション誌のヘアメイク特集などで、マメにチェックするといいでしょう。

雑誌もだんだん買わなくなる年代ですが、美容院なら最新号が揃っています。私は白髪染めに行ったとき、サロンの雑誌で必ずチェックします。年々濃くなる目の下のクマや法令線、シミ対策のコンシーラー使い、ハイライト使いなど懇切丁寧に図解で説明してくれているので、実に参考になります。

老眼も進んでいるので細かい字も読みづらく、読んで実行するのもメンドクサイという方は、美容院を替えるのも手です。今風のカットをさりげなく大人女子に似合う感じに取り入れられる美容師さんを探しましょう。

私も、どうせ毛先しか揃えないから近所の美容院に替えちゃおうかなと何度かトライしたことがありますが、やはりNGでした。大抵ひっつめ髪にしているし、カットなんて関係ないと思いがちですが、おろしたときの違いは歴然。

●ヘアがいい感じに見えるかどうかは、カットの腕次第

ちょっと面倒だなと思っても、上手いと評判の美容師さん、なかなか予約が取れないかもしれないけど、そこを楽しみに待っていくと、きっと満足な仕上がりが得られるでしょう。上手い人のカットは、カット後の扱いが楽で、手櫛で簡単にセットでき、あか抜け感が違います。

眉毛も、自分でカットする勇気がない、しても上手くいかないという人は、街場のメイクサロンでまずはやってもらってはいかがでしょうか。一五〇〇円ぐらいで理想的な眉にカットしてもらえます。顔は誰でも左右差があり、年齢とともに歪みもひどくなりますから、カットした上で左右対称になるよう眉墨での描き方やぼかし方も教えてもらえます。

●眉カット&眉メイクはまずプロにやってもらう

毎回カットしてもらわなくても、とりあえず一回、カットしてもらえば、お手本通り、

伸びたら自分でカットできます。眉毛カット用のコームと鋏はどなたも買っておくべきです。眉毛であか抜け感が全然違いますから。

眉墨も年々進歩していて、ラインとぼかしと両方付いているスティックなども資生堂で売られています。パレットになっているもののほうが綺麗に描けますが、筆使いがあまり得意でない方は、スティックタイプがオススメ。

デパートなどの化粧品カウンターは、平日、土・日・祝日でも午前中は空いているので、ゆっくりメイクの仕方を教えてもらえます。ちょうど切れてるメイク用品があったら、ぜひ購入ついでに新しいメイクを教えてもらってください。

顔も、年齢とともに、自分が思っていた印象とは変わってきます。だから客観的に綺麗に見えるよう、メイクも変えたほうがいいのです。お洋服や靴と同じで、英語では ware make up と言いますからね。

●若い頃と同じメイクは、若い頃と同じ服を着ているのと同じ

髪の色も、白髪染めをしていたら変わってきます。皮膚感や髪質も変わってくるので、「今」の自分に合うメイクに変えていったほうが綺麗に見えます。洋服と同じで、三年に一度は見直しが必要かもです。

●メイクは三年に一度の見直しが必要

メイク用品を買い替える時期に、メイクも変える、その情報は販売員から入手する、というのが一番簡単。

メイク用品も、いくらブランド物でも、古いものは潔く捨てましょう。今時、プチプラコスメでも優秀なものが出ているので、新しいのを買ったほうがいいです。ほとんどネットで買えるし、マスカラなんか、プチプラのほうがいい場合があります。

私は長年、マスカラが目の下についてしまい、悩んでいました。ウォータープルーフですらついてしまうので、アイホールの形のせいだと諦めていたのです。ですが最近になって、編集者からもらった試供品で、プチプラコスメのマスカラを試したら、これが優秀！！！

簡単にボリュームアップでき、決して下瞼につかない。そして、普通のクレンジングでするりと落ちるのです。高級ブランド化粧品のウォータープルーフマスカラより、数段いいことに気づきました。

試供品のミニサイズがなくなったら、アマゾンで買うつもりです。資生堂マジョリカマジョルカのラッシュエキスパンダーです。

●化粧品も日進月歩。プチプラコスメにトライ！

逆に、お顔が粉吹いたようになる年代ですから、ファンデーションやチークは大人女子用のリキッドタイプを塗ったほうがいいなど、物によって使い分けるのがコツ。この辺は、ギャル用のジェルタイプ、固形ファンデはNGです。

私が今気に入っているのは、HABAのミネラルリキッドファンデーション。伸びが良く、ヨレない、崩れない。カバー力があるのに薄づき。アマゾンでも買えるし、量的にも値段的にも優秀！

●カバー力のある薄づきファンデは大人女子の必須アイテム

これでも消えないクマやシミは、コンシーラーでぼかします。全体を厚化粧するより、このほうが○。目の下のクマはリキッドタイプ、シミはヨレないズレない固形タイプと使い分けるといいでしょう。

●仕上げは透明感のあるお粉をはたき、余分なお粉はフェイスブラシで落としましょう

スタンディングポジション

①両足を肩幅に開いて立つ。左右の足は平行に。

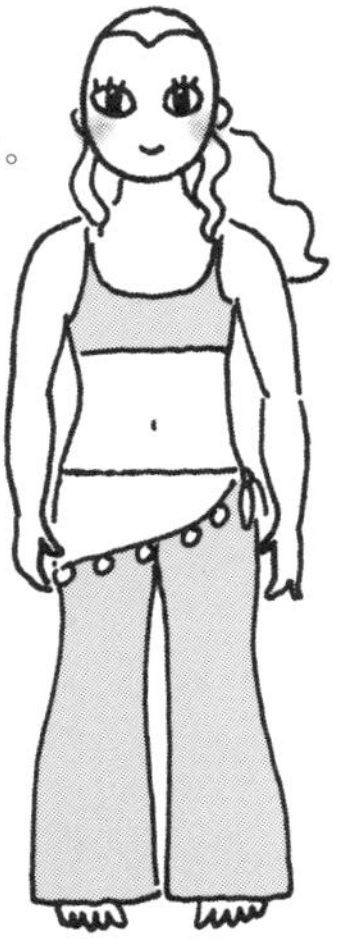

②横から見た時に尾てい骨が出ないよう、手でイン。同時に膝をゆるめ、恥骨を前→上にアップさせ、おなかを引っ込める。肩は後ろ→下にリラックスさせ、胸とあごはアップ。

ベリーダンサー立ち

右足で立ち、左足はつま先立ちで右足に添える。

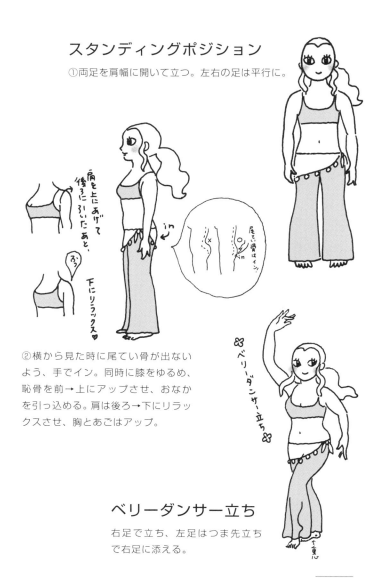

ヒップサークル

①両手をヒップスカーフを締めた位置に置く。目を閉じて、自分の中心・子宮の位置（おへその下10㎝くらいの奥あたり）を意識する。そこを中心に、最初は目に見えないくらいの大きさで回し始める。

②少しずつ大きくし、目に見えるくらい大きくなっていくように、腰をゆっくり回す。

〈ポイント〉

大きくなるにつれ、足裏に感じる体重移動もわかりやすくなってくると思います。音楽に合わせて円をキレイに描くようにすると、楽しいですよ。右回しばかりで飽きたら、今度は左に回してみましょう。慣れてきたら、音楽に合わせて右に回したり左に回したりしてみましょう。

フィギュアエイト

①スタンディングポジションで子宮の位置を中心に、床と平行に8の字を描いていく。まずは右足に重心を乗せ、右斜め前に腰を突き出す。

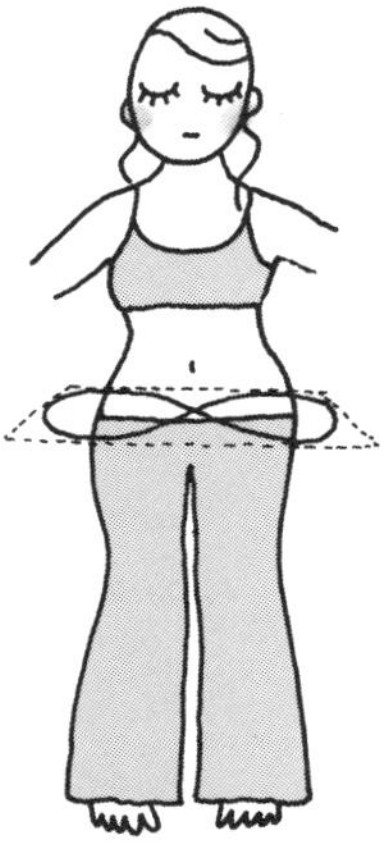

②そのままゆっくり右外に右腰を回していき、右に腰を突き出す。

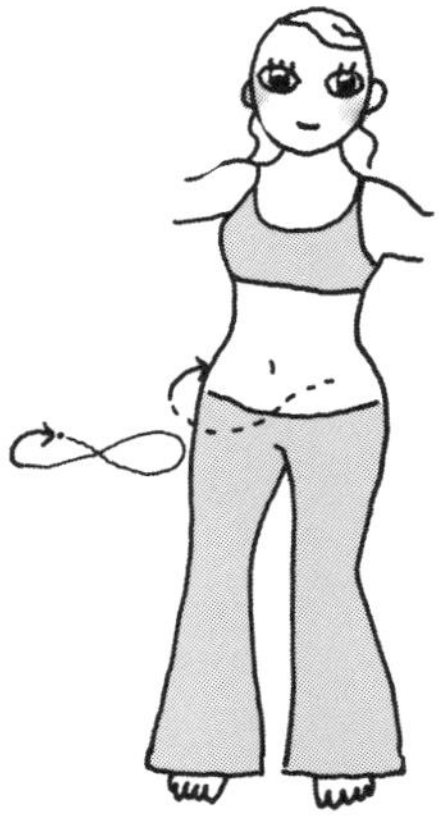

③右斜め後ろに腰を突き出す。

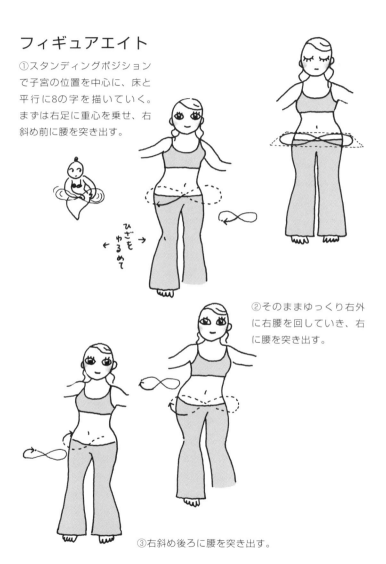

④左足に重心を移動させながら、中心を通って左斜め前に腰を突き出す。

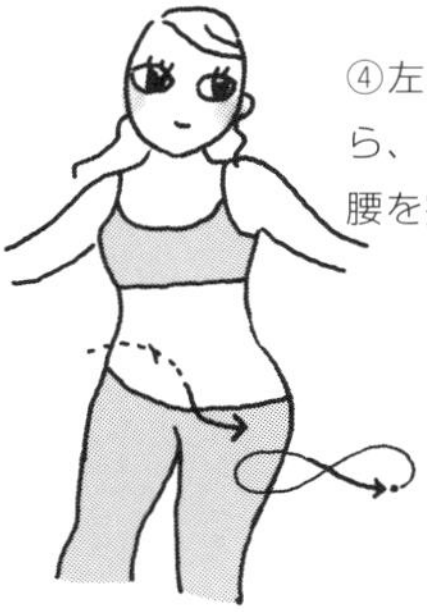

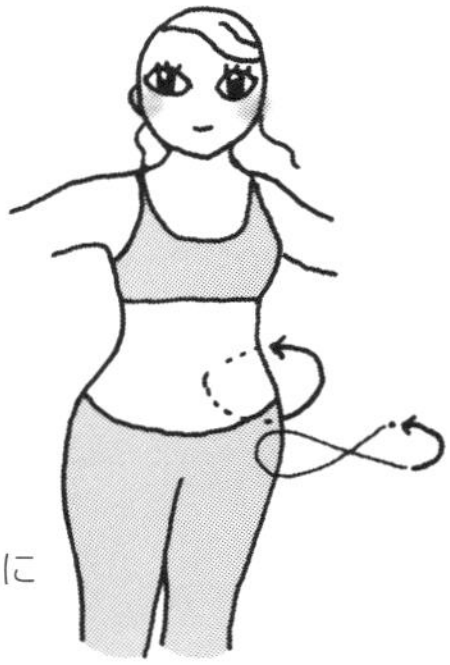

⑤そのままゆっくり左外に左腰を回していき、左に腰を突き出す。

⑥左斜め後ろに腰を突き出す。

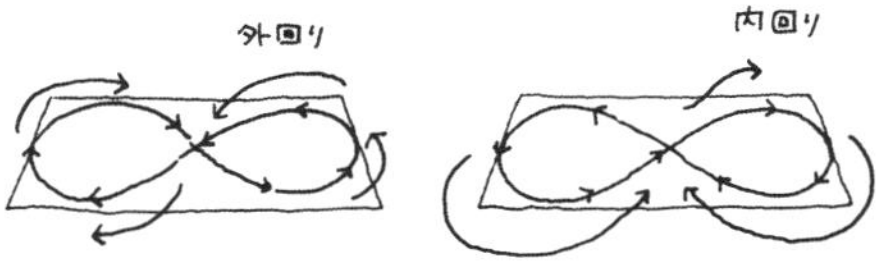

（内回り）

反対にも回してみましょう。左外側から中心を通って右後ろ側に、右外側から中心を通って左後ろ側に、内回りのフィギュアエイトを描きます。慣れてきたら、内回りと外回りを組み合わせると、楽しいですよ。

〈ポイント〉

わかりづらい場合は、手で誘導してあげるとわかりやすいですし、ハンドムーブメントの練習にもなります。

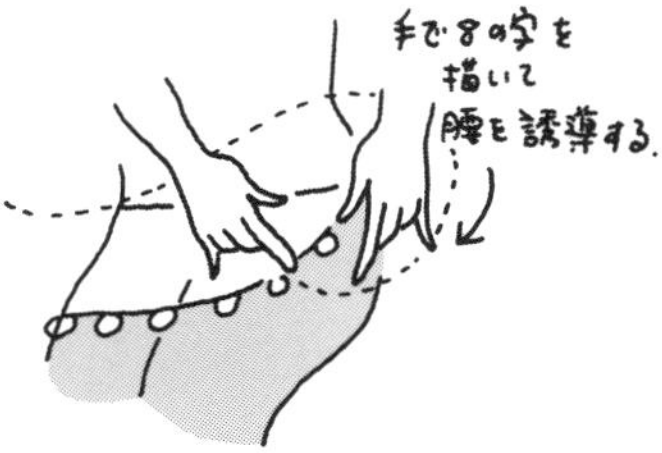

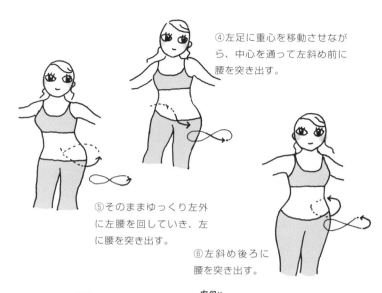

第5章
人と会い、人生を分かち合おう！

1

実際に会って話す、笑い合うことの大切さ

今はＳＮＳが盛んなため、知人の近況は会わなくても把握しているような状況です。それはそれで便利な半面、実際に会う必要がなくなり、孤立化が進む傾向にあるのではないでしょうか。

ＳＮＳで近況を知って、そこから新しい仕事に繋がったり、実際に会って時間を分かち合ったりすることは稀。ほとんどは「会っているような錯覚」で、会う必要もないような気がしてしまうのです。

でも、実際に会うことは、人と人とが、二次元だけで伝わるもの以上に、色んなエネルギーを交換する「場」となるのです。

人間は、ボディ（肉体）・マインド（心）・ソウル（魂）の三つで成り立っています。肉体は生きている間だけの借り物（器）で、心は肉体あってのものです。

●生きているうちに会い、「命」を寿ぎましょう

私が「命を寿ぐ踊り」と言われている、ベリーダンスが好きな理由です。

魂は、輪廻転生を繰り返し永遠に生き続けるものですが、今、ここ（地球）で出会って時間を分かち合っている人同士は、前世でも縁があった者同士と言われています。

その、目に見えない「縁」みたいなものが、実際に会うと「嬉しい」という、「喜び」に繋がるのではないでしょうか。

また、写真や映像と、実際に会ったときでは、「雰囲気」が違います。目には見えないけど確かに感じられるもの、それが、エネルギーというものなのです。

わざわざ出かけていって、誰かに会うのは、メンドクサイことかもしれません。年を取るとますます、腰は重く、出不精になります。でも、いざ出かけると、色んな人やモノを見聞きします。誰かと会って話したり笑い合ったりすることで、逆に元気が出てくるのを、誰しも感じたことがあるのではないでしょうか。

雰囲気の悪い、意地悪な人は職場や家庭にもいるでしょうから、そういう方とはわざわざ会うことはないのです。自由時間は自分が会って楽しい人とだけ会う、と決めてしまえば、嫌なことはありません。

●「気」が合う、ということを軽んじてはいけません

その「気」こそがエネルギーであり、気が合う人同士は、他人からは理解しえない世界

で楽しめるのです。相当の極悪人でないかぎり、悪い人なんていません。ただ、気が合うか、合わないか、だけなのです。

会って「場」と「時間」を共有することの大切さは、わざわざ電話や手紙、ＳＮＳで言うほどのことでもない「おしゃべり」にあります。どこかに一緒に出かけたり、美味しいものを分かち合うだけで、会話も弾むでしょう。その間に、あれやこれや、話したかったけど話せなかったことも出てきます。

お酒を飲まれる方は、ちょっと酔っているからこそ暴露できる本音もあるでしょう。

「酔ったから言っちゃうけどさ、実は……」

という話が一番、その人らしさが出ていて私は好きです。年齢を重ねると色々な自分像や家庭での役割、職業のイメージなどが強くなってきて、素のままの自分はなかなか見せられない方がほとんどですから。

本音も、気が合う人なら話せるけど、酔っても死ぬまで話せない相手だっているはずです。私が読者を集めコミュニティサロンをやっているのは、みんな私の本の愛読者で、サロンに来る前から一段階、心を一つにしているところがあるからです。私の本に共感した人しか来ていませんからね。

お酒の力を借りずとも本音で語れ、素のままの自分でいられる場所が欲しくて、八年前

「シークレットロータス」を作りました。

昔は、地域のコミュニティ活動が盛んで、盆踊りなども必ず集まって踊っていたから、人々は孤独を感じず、心身の病も少なく、元気に暮らせたのではないでしょうか。その現代版が、「シークレットロータス」なのです。

私はこういうコミュニティサロンが、全国津々浦々にできればいいと思っています。そこはお喋りと笑い、歌や踊りがあって、それぞれの価値観を共に分かち合える「場」。人生の悲喜こもごもを共感し合える「場」。そういう場所があれば、人は決して孤独にはならないはずです。

四十代以降、ホルモンバランスの悪さもあり、思うようにならない自分に対する「怒り」が、身近な誰かに向けられることもあります。向けられた方はたまったもんじゃないし、大切な家庭も崩壊の危機に瀕します。人間関係が上手くいかず仕事を辞め、生きる糧を失うこともあるのです。

職場や家庭で嫌なことがあっても、自分の全エネルギーをその「怒り」や「悲しみ」、「恨み」に集中させて、いいことは一つもありません。相手を傷つけるだけでなく、そのネガティブな感情で自家中毒を起こしてしまうからです。

●ネガティブな感情は、自分自身をまず傷つける

だからそんなことはほっといて、好きな人に会うことですよ。相手にも都合があるでしょうから、邪魔になるほど会えはしないでしょうが、お互いちょうどいい距離と頻度で会うことです。

大好きな人に会って、本音で話して、笑い合う、そしてできたら踊り合えば、生きる力が湧いてきます。自分に対して「これでいいんだ」という肯定感も湧いてくるでしょう。どんなに疲れていても、明日からまた、頑張って生きていこうという、原動力にもなります。

そうやって人は、励まし合い、助け合いながら生きてきたのですよ。人間関係のポジティブな側面は、とてもあたたかく、美しいものなのです。

2 「出かける場所」「自分の居場所」を作る

いやだいやだと言いながらも、勤め先がある人はとりあえず「出かける場所」があってラッキーです。そこには「自分の居場所」があり、「やるべきこと」があるのですから。その上、決まったお給金がいただけるなんて、羨ましい限り。

勤務時間は人に囲まれ、孤独でもありません。そして私生活も、疲れが出てくる四十代以降、逆に独り者のほうが、帰ってから家ではゆっくり休めていい、ということもあります。これもラッキーです。

問題は、子供の手の離れた専業主婦ではないでしょうか。私も居職の兼業主婦だから分かるのですが、子供の時間に合わせて生活する時代を過ぎると、いきなり「自由時間」ができてしまいます。

子育て期間中は家事と育児にまみれ、自分時間など夢のまた夢だったママたちも、子供が中学ともなると、急にやることがなくなってしまうのです。四十代から五十代ならばそこに更年期が重なって、「自分はもう必要のない存在なのかも」、なんて感じて落ち込んでしまったり……。

急にできた「自由時間」をどう使ったらいいか分からなくて、買い物に嵌るマダムもいらっしゃいます。でもこれも、そのお洋服やアクセサリーを、着けて出かける場所が必要ですよね。

話題のレストランでグルメなマダムランチ……それもいいかもしれません。しかし一緒に行ってくれる人も、そうそう贅沢もしていられないので、頻繁には無理。一人で出来ることは限られていて、贅沢も飽きてきます。

●虚しさ、それは、人生の敵

これは、もうじき定年を迎える勤め人たちにも言えることですが、その後の生活をいかに設計するかが、後半の人生の質を変えるのです。

人生八十年とすると、四十代はちょうど折り返し地点です。ここから、一生続けられる何かをスタートすると、より良い人生の後半を送れるでしょう。

「何も思いつかないし、特別好きなこともない」

という方は、とにかく色々やってみて、夢中になれそうなものを探してください。勤め人なら、あと十何年間か、お給料をもらえる猶予期間があるので、その間に見つけられれば儲けものです。

ある方は、趣味のオペラで才能を認められ、退職と同時にプロデビューしました。四十で勤めを辞め、会社を興した人もいるし、やりたかった仕事をスタートさせる人もいます。私の知り合いの男性編集者は、退職後、仲間と編集プロダクションを作り、それまでやっていたタイアップ広告の仕事や、書籍の編集などぼちぼち死ぬまでやっていくつもりです。

退職後、ずーっと家にいられては奥様も大変でしょうが、出かけてくれれば御の字ではありませんか！　その編プロでは犬も飼っていて、みんなで代わる代わる散歩に行くそうです。これで、運動不足も解消できますね！

私も、旧住居でコミュニティサロンを始めたのは四十六のときでした。全く人が来ず、存続が難しいときもありましたが、八年間ぼちぼち続けていて良かったなと思うのは、私にも「出かける場所」「居場所」があるということです。

いらっしゃる方にとっても「第二の家」のような場所にしたくて、コミュニティサロンにしたのです。そこに行けば「仲間」に会える「場」として在り続ける、ということに意味があるのだと思います。どこも行くところがないというのが、人間にとって一番寂しい状態ですからね。

家こそ自分の居場所で、家族命、家事に精魂込められる方はいいのですが、そうでもない方も多いのではないでしょうか。私も仕事をしながらのテキトー家事が身についていて、家族に夢中にもなれません。時間がたっぷりあったからといって、家族のために、一日中家事をしているのはイヤです。

何か家事以外で自分を生かせること、少しでもお金になること、に生きがいを感じてしまうのですよ。でもそれが、「女の自立」が叫ばれた時代に育った私たちには、当然のことと思います。

そして人生楽しもうと思ったら、少なからずお金が必要です。お金がないのは不自由なことです。だから少しでも稼いで、「自由」を獲得するのですよ。

●週半分のパートでもいいから、自分で稼ぐことを考える

何もしないでも、一生贅沢に暮らしていける財力がある方もおられるでしょう。でも、そういった場合は、欧米ではボランティア団体を作り、無償で世のため人のために働くというのが、ステイタスになっています。日本でも、そうなっていくと、文化程度も国際レベルになるのではないでしょうか。

●ボランティアでもいいから、世のため人のために働く

お金のためだけでも、世のため人のためでも、出かける場所があり、やるべきことがあり、共に働く人たちと会えば、人はイキイキとしてきます。お金にも、世のため人のため

にもならなくても、自分が楽しくなることや、健康・美容度をＵＰすることにエネルギーを注ぐ、というのでもいいです。

それについてはお金もかかるでしょうが、「金は天下の回りもの」と言うぐらいで、自分が投じたぶんは、やがて金額以上の利益として戻ってきます。

もちろん、何もしなくてもハッピーなら、それでいいですよ。そうでなくて、何かやりたい、という気持ちがあるなら、スタートするのは何歳でも遅くはありません。時間はかかるかもしれないけど、あと三十年ぐらいはありますから。

老化が進み、生命力が弱ってくるこれからは、「生きがい」というものが必要になってくるでしょう。それは、なんでもいいと思うのです。自分自身に問うてみて、「生きる力が湧いてくること」を探しましょう！

3 「機会」は自ら作り、分かち合うこと

年を取ると、若い頃ほど出かけなくなります。お金もかかるし、疲れやすく、メンドクサイのもあり、休日は家でテレビを見ている時間が長くなるのです。でも、こうなるとオバサン街道まっしぐら。

●せめて一日一回ぐらい、お出かけの「機会」を作る

定年まで現役バリバリのスーパーキャリアウーマンは、お休みの日も色々と予定を入れて出ずっぱり。基礎体力が違うので、それを真似して体を壊すこともありませんが、それぞれに合ったペースと「質」で、出かける機会は自ら作りましょう。

まず、年取ると誘われないし、誘われても乗りません。ノリが悪くなってくるのです。でも、お菓子を食べながらテレビを見ていたら、もっとダルくなってしまいます。死ぬまで若々しく、踊るように生きていくには、

●好奇心の炎を燃やし続ける

ことが大切。これは、故・小森のおばちゃまが八十代で言っていたことです。私は、誘われたら、早い時間ならば乗ります。早寝早起きのライフスタイルを貫くには、遅い時間のお出かけは控えたいので……。

しかしやはり、周囲を観察していると、腰が軽い人は何歳になっても若々しいです。引っ込み思案の方は、誰かに誘われるまで待っているし、誘われても考えた揚げ句、出かけないことが多いのです。色々考えると、メンドクサクなっちゃうんでしょうね。

しかし、そうこうしているうちに誘われなくなってきます。でも、そしたら自分から誘えばいいんですよ。これも、断られたらどうしようと悩み、誘わなかったり、勇気を出して誘っても、たまたま相手の都合が悪くて断られたら、必要以上に落ち込んだりしがちです。

更年期の被害妄想も相まって、なんだか意固地に、どうせ私なんか……お呼びでない、お呼びでない、あ、こりゃまた失礼しました、となってしまうのです。私だって、そういう状態になること、よくありますよ。みんなそうなんです。思春期の少女と同じなんです。思秋期の大人女子は。

でも、一度きりの人生です。そして、どんな人生もあなたが主人公なんです。どこか行きたいと思ったら、今はネットでも色々なところが検索できます。もし、計画倒れに終わっても、面白そうな目的地について調べているときは、旅行気分に浸れます。しかも、この段階ではタダです（笑）。

小旅行じゃなくても、日常のちょっとした「お出かけ」は、心身を活性化してくれます。運動も、もちろん家で一人でもできるのですが、一人じゃやはり、これもまた重い腰上がらないし、その「場」に行くと、付き合いでやってしまうので楽、ということもあります。

ベリーダンスもそうですが、私はたまにヨガも、ロータスで参加しています。ふだん自分では行わない深い呼吸やストレッチで、シャワーを浴びたような爽快感が得られます。かなりだるくても、這ってでもスタジオに行くと、運動できてしまうという、「場」のミラクルを感じるのです。

そしてコミュニティサロンならではの「お喋り」も重要。普通のスポーツクラブやダンス、ヨガスタジオでは、さっくりクラスを受け、無言で帰っていくという方がほとんどですが、ロータスはその前後のお喋りやランチが楽しいのです。

元住居をそのままサロンとスタジオにしているので、リビングやキッチン、ダイニングという余分なスペースがあり、ゆっくりできる。エステやネイルを受けにきても、すぐ帰らなくてもいいからお喋りを楽しめます。

人に会ってお喋りをするだけで、顔の筋肉を使うし、心身が活性化されます。今は出かけなくても、SNSでお喋りができる。でも、もしかしたら今日一日誰とも、実際には喋ってないなんて日、ありませんか？

家族がいる人も、年々、子供も夫も反抗期で、家庭でのお喋りが減ってきます。犬猫に采配を振るっているか、テレビに一人突っ込みを入れて、笑っている。それだけでももちろん生きてはいけるのですが、出かける機会を作ると、若返りますよ。

誰かと時間と場を共有し、ポンポン出てくるオリジナルの笑いとエネルギーを交換し合う。それはあなたの心を温め、明日への元気を作ってくれます。辛いことがあり、一人で思い悩んでいた人も、勇気を出して出かける機会を作ると、そこから人生が変わっていくでしょう。

私も、ロータスと取材以外はあんまり出かけることがなくなってきました。買い物はアマゾンでほとんど間に合うし（笑）。でも、たまに小旅行や、友達のパーティや展覧会など行くと、特別な時間を過ごせます。

●人が集まると、想像以上のエネルギーが生まれる

昔は地域のお祭りなどで人が集まり、生きる英気を養ったものですが、今では、特に都会では、そういった伝統行事に参加する人は減っています。コミュニティの絆が希薄なのです。だから、

●自分たちなりのコミュニティを作ること

が必要になってくるのです。色んな趣味や、ヨガやダンスのコミュニティ。ロータスも十八畳ぐらいのリビングスペースにて少人数でやっていますが、そのぐらいの場所があれば、誰でもコミュニティサロンは作れるのです。

色んなところに出向くのが億劫ならば、自分で主宰する。参加者が一人でもいてくれれば、夢を膨らませて、それを分かち合うことができるのです。

4 体調＆気分アップに出かける

家に籠りがちな専業主婦や居職の方は、一日一回は出かけることを心がけましょう。単に運動不足や肥満などの肉体的問題だけでなく、「気」＝生命エネルギーは、常に動いているほうが良く、同じ場所ばかりにいると停滞します。気分転換には場所を替えることが一番。

近所に小一時間お散歩だけでも、気の流れが変わってくるでしょう。一人で歩くより、ウォーキング仲間を作って、お喋りしながら歩くのを日課にすると、心の健康も保てます。お喋りと笑いは、顔筋も鍛えられるのでリフトアップにもつながります。

面白くなくても笑う「笑いヨガ」では、形だけでも笑うとナチュラルキラー細胞が活性化するそうです。それで実際に癌細胞が消えたと、自らがインストラクターとなって「笑いヨガ」を広めている人もいるのです。

私も何度か受けたことがあるのですが、一時間ひたすら、大声で「笑う」というのは、かなりの運動になります。慣れてない人は横隔膜が筋肉痛になるぐらい、腹筋が鍛えられるのですよ。口角を上げる練習にもなります。

顔は、ほっとくと重力に従って垂れていくものですから、常に微笑んでいる、ということが、美しく見えるには必要になってきます。表情筋も訓練次第で鍛えられるので、笑いがどんなに大切か分かると言うものです。

人は悲しいとき、辛いとき、落ち込んでいるとき、笑えと言われても笑えませんよね。でも、無理しても、形だけでも笑っていると、脳が錯覚するらしいんですよ。脳は騙されやすいんです。笑っていると体調も気分も良くなり、引き寄せの法則で運気も巡ってきます。

●笑う門には福来る、は真実

私がコミュニティサロンでヨガやダンスを提供しているのは、アットホームな雰囲気で、仲間同士で行う少人数クラスに、自分も参加したいからです。前後のお喋りが楽しく、参加者同士で「また会えた」喜びもあるからなのです。

●心身の健康にいいことを、仲間と行う

たまにヨガのクラスにも参加するのですが、し～んとした中で真面目腐って真剣にやるのではなく、

「イタタタタ‼」

とか、

「無理ムリ、つりそう！」

とか叫びながら、笑いながらのヨガなので、楽しいのです。

私の「ベリーダンス健康法」もそうです。一週間に一度通ってくださる方は、毎週会う友達でもあるので、一週間の近況報告をしつつ、踊ります。二週間に一度、一カ月に一度でも、「久しぶりに会えた」という喜びも味わえるので、二倍、健康効果が増します。

普通のスポーツクラブやフィットネスセンター、ヨガ・ダンススタジオがどうも心寂しく通う気がしない、という方が集まっているので、〝類友の法則〟なのだと思います。楽しく体は動かしたいけど、それだけじゃイヤという。

新規に「大人のバレエエクササイズ」も隔週で開設し、これも自分が受けたいから作ったものです。大人女子が集まり、童心に返ってバレエのいろはを教えてもらうと、インナーチャイルドが癒されるのです。コアも鍛えられます。

ヨガでもダンスでも、体を動かすと気分が良くなります。出かけることで、オシャレをする機会もできますし、自然と歩けます。家に籠っているとウツウツとしがちですが、出かけて歩けば背筋も伸びるし、何より色んな人や風景を見ることで、前頭葉が活性化します。老化防止になるのです。

目的地に着けば、仲間に会い、お喋りでき、健康や美容にいいことも難なくできます。家で一人で自力でやるには、根性がいりますし、孤独も付きまといます。年とともに一人では頑張れなくなるのです。

ロータスでエステやネイルを取り入れたのも、こんな理由からです。もちろん、街場のサロンに足しげく通うのもいいし、エステティシャンやネイリストと友達にもなれます。でも、彼女たちが実際、同じ場所で一緒に踊ったり、ヨガもやる仲間だったら、もっと素敵ではないですか。前後にお茶したり、たまにはランチや女子会で、美味しいものを分かち合ったり……。

●体調&気分UPには仲間作りが大切

私はロータスで「気骨ビューティアロマ」を受け始めてから、鍼灸治療院と整体院に行かなくなってしまいました。痩せたり綺麗になるだけでなく、体調が良くなるので、必要なくなってしまったのです。

施術代も街場より安くできるのが、コミュニティサロンならでは。儲けを目的としていないので、お互いがハッピーな値段設定にできるのです。もちろん、みんな生活していかねばならないので、無料というわけにはいかないですが、助け合い金額、ぐらいの感じでしょうか。

●自助会的なコミュニティサロンを発足しよう！

ロータスにいらっしゃれる方はぜひお越しいただきたいのですが、遠方でとても無理、という方は、それぞれの地域で、こういったコミュニティサロンを発足すると、今後の人生が孤独ではなく、イキイキと過ごせると思います。

「夫とは会話もなく……」

という、カラの巣症候群の奥様たちも、お仲間を作って人生を活性化してください。人間は、お互い励まし合うために集まるものなのですよ。

会社でパワハラ、家ではモラハラ、という方も多いでしょうが、怒りに焦点を合わすのではなく、喜びに合わせましょう。そのための「仲間」なのです。

5 人に会うために仕事をする

子育てが終わる方も、勤務が終わる方も、第二の人生なにをして生きていくか、考えるだけでワクワクしませんか？

「いやもう、不安ばかりでワクワクなんてしませんよ」

という方がほとんどだと思います。

が、人生は自ら「楽しもう」という気持ちがなければ、決して楽しくはならないのです。物事の全ては「気」から。その「気」がなければ何も生まれません。楽しい、楽しくないは、本人次第なのです。

考えてみれば、大きな義務が終わったあとの人生ですから、ある意味「遊べる」ということです。やりたかったこと、かつての夢、ふいに思いついたこと、なんでもやっていいのです。かつて、

「そんなことやってる暇あるか！」

と思ったくだらない(と思われる)ことでも、時間は死ぬまであるわけですから、たっぷりと〝遊んで〟ください。

●人生には、「遊び心」が必要

「そんなこと言ったって、まずおアシがなきゃ始まんないよっ」

と思ったそこのあなた、じゃ、お足を稼ぐためにバイトはいかがですか?

私の知人は、子育て終了後、暇を持て余して近所のスーパーでパートを始めました。それまでは専業主婦で働いたことはなかったのですが、これが楽しくてやめられなくなったと言います。

お魚をパックする単純作業から始まり、あれよあれよという間に人気販売員に。ついには他店から抜擢されて、渋谷の繁華街にあるお惣菜屋さんで、売り上げナンバーワンの販売員にまで登りつめてしまったのです。

オバチャンと言われる年齢から働き始め、一度は両親の介護で退職したものの、両親の死後なんと起業! モリンガという健康食品を売る会社を起こし、七十近い年齢で会社社長となりました。

彼女曰く、家に一人でいても何も始まらない、出かけて人に会うこと、何かを発見することで、世界が広がる。モリンガを発見したのも、孫の子守りをするため沖縄に行った際、マーケットで見つけたと言うのです。

モリンガはスーパーフードとして世界の健康志向の人たちの間で愛飲されていて、日本にもそのブームが来ています。ブームになるずっと前からその素晴らしさを発見し、美味しいお茶としてのブレンドを試行錯誤し製品化した、彼女の気合に感服します。

なにせ元気なオバチャンで、人生を楽しんでおられる様子がイキイキと伝わってくるのです。通販と健康食品店への卸し以外に、毎週末マーケットで店頭に立ち、自らモリンガを売っています。

そこにいらしたお客様や、ショップオーナーたちともどんどん友達になり、

「こちとら商売は素人ですからね、分からないことは、若い人たちが全部教えてくれるんです」

と笑っています。年代問わず誰とでも友達になるから、

「オバチャン、今度お茶しようよ」

なんて、若い男の子にも誘われるとか。

どんな職業もですが、稼げる「金額」以上のものが、「仕事」にはあるのです。まず色んな人と出会えるし、自分にも「やるべきこと」が与えられます。経済的に豊かで一生働く必要がなくても、やることがない人生というのは、空しいものです。

私などもともとフリーランスで勤めたことがないので、自分でこれをやる、と決めて職業としただけです。それを、コツコツぼちぼちやっているだけ。四十代中頃からはコミュニティサロンもやっていますので、半日はそちらに「出向く」という用事も自らが作っているのです。誰にも頼まれていません（笑）。

●誰にも何も頼まれなかったら、自分で考えて生み出すこと

お金のことは、必要経費ぐらい稼げればトントンと考え、自分の毎日を充実させるために働く。人に会うために仕事をする、と考えれば、暇こいてる暇はないのです。

もちろん、たくさんお金を稼げるようになったら素敵ですよ。でも、トントンで赤字にならないぐらいの稼ぎでも、毎日「やるべきことがある」ということの価値は、お金に換算したら多大なものでしょう。

●日々の充実感をお金に換算してみよう！

働くことでたとえ嫌な思いをしたって、世の中には色んな人がいるという「勉強」「経験」になります。自分のやりたいことが世の中に受け入れられず、仕事にならなかったら、どうやったら受け入れられるか、世の中に役に立てるかと、試行錯誤しているうちに、一生終わったたっていいじゃありませんか。

●生涯、探究心を持ち続けること　Keep trying!

私も、本を書くこと以外に、雑誌への寄稿や取材、メディアへの出演依頼、講演依頼があったら、なんでもやっています。なぜなら、出かける用事ができるし、色んな人に出会えるからです。「ベリーダンス健康法」講師も、色んな方に出会えるのが嬉しいから、続いているのです。

仕事をしていれば、家庭以外の人間関係もでき、出会った色んな人たちが、きらめく星のようにあなたの人生を飾ってくれます。ネットやテレビの中の人だけを見て生活しているより、身になります。

●人生を分かち合う人は、家族だけではない

より多くの人と出会い、分かち合うと、人生の豊かさが感じられますよ！

6 命のダンスを踊りましょう！

長い歴史の中で、もともと自然なものであったダンスが、振り付けやテクニック重視の習い事になり、苦手な人が増えたように思います。

「人前で踊ったりなんかして、赤っ恥かいたら大変！」と思う方がほとんどなのです。私もそうでした。また、手足が長く顔小さく、細くて容姿端麗でないと踊ってはいけないと思っている人が多過ぎて、そうでない人が踊ると揶揄し、自分は死んでも踊らないと心に固く誓っている人も……。

ダンスはそういう、お金をもらって美しい体と顔、卓越したテクニックを見せるプロのものだけではないのです。古の雨乞いの踊りや、巫女の神に捧げる踊り、近代ではフォークダンスや沖縄のエイサーも含めた盆踊りのように、形ではなく心から、そしてみんなで楽しく踊り合うものです。

特にベリーダンスは、「命を寿ぐ踊り」と称され、自分がこの肉体を持って「生きている」

ということを味わい、喜び、祝福する踊りです。決して、スタイルの良さや、美しさ、一生懸命練習したテクニックを「どや?!」と見せびらかすものではないのです。

そしてダンスは、もともとそれぞれの感性で自由に踊る、右脳のものだったのに、振付けとテクニックとダンススクール誕生で、左脳のものになってしまいました。理論と決まった型に支配されたダンスは、体に負担がかかり、多くの方は故障を起こします。発表会やショー、コンクールやオーディションのストレスもハンパじゃないでしょう。もちろん、プロを目指すならそこは試練ですが、多くの人が、

「私にゃ関係ないし。私は綺麗なものを見るだけでいいから」

と、ダンスを人生の中から排除してしまうのは残念過ぎます。

もちろん、お金を払ってプロの演技を見るのも素敵。でも、それとは別物で、健康と幸せ感だけのためのダンスを、ぜひあなたも始めてください。私の「ベリーダンス健康法」に来た方は、どなたでも、何歳でも、踊れるようになります。

「いえ、私は一生踊らなくても……」

と思ったそこのアナタ! 踊る気持ち良さを一度味わったら、やめられませんよ。踊ると心身の調子が一気に整い、幸せ感が増し、生きているのが楽しくなります。私は今でも、踊った日の調子良さと、踊らなかった日の調子悪さを、たびたび実感するのです。

ファイブリズムズというヒーリングダンスの創始者は、「人類から踊りがなくなってから、現代病が生まれた」と言っています。人々に「踊り」を取り戻すため、ファイブリズムズを始めたと。彼女はもともとベリーダンサーでしたが、色んな曲で自由に踊るファイブリズムズを世界に広げています。

参加者は知的職業の方が多く、ウェルネスのためにリピーターとなっています。生涯健康に生きるためのダンス。この体を持って生きている自分への祝福であり、プレゼントなのです。

私の「ベリーダンス健康法」もコンセプトは同じです。でも、もっと簡単に一時間ぐらいで、都会の緑が見え日の当たるスタジオで、無理のない範囲で開催しています。踊るためにわざわざ大自然の中に移動してもいられないので。

渋谷までいらっしゃれない方は、どうぞ地元で、同じような会を主宰してください。この本に載っている「ベリーダンス健康法」の練習会でもいいと思います！　一人でやるより、みんなでやったほうが、ずっと楽しいし、エネルギーも高まりますからね。

踊りは人生と同じ、分かち合うものなのですよ。心からうっとりと踊る女性は、何歳でも、どんな容姿でも、美しいのです。女性に生まれた肉体を寿ぎ、その「美」と「喜び」をシェアしましょう。

●生きている自分を味わおう！

なかなかそこまで入り込めない、という方が多いですが、私もそうでした。みなさんそうなのです。でも、慣れればだんだん気持ち良くなってきます。この本のリチュアルをおうちでやってみてください。

私の「ベリーダンス健康法」は、太極拳の可愛い版、とも言えます。「気」の流れを良くして、「丹田」を鍛えます。全身のストレッチ効果もあります。ある太極拳の先生は、自らの太極拳をコズミックダンスと呼んでいるそうです。

私たちの体の中に小宇宙があり、細胞の一つ一つが仲良くダンスをする、それが太極拳であると。ビオダンサというヒーリングダンスの先生も、「呼吸」だけのダンスを見せてくれました。

●生きていること、それ自体が美しいダンス

音楽に合わせて呼吸するだけですが、私は感動して泣きました。

ふだんの生活で無意識にやっていることは、なかなか「美しい」とか、「ありがたい」と感じられないのですが、呼吸と肉体に意識を向けると、感じることができます。そこには、大いなる神秘があるのですよ。

日々を忙しく生きる私たちは、なかなか自分(肉体と魂)・天(宇宙)・地(地球)に目を向けられません。でも、いざ向けてみると、まさに「今ここ」に生きていること自体、奇跡であり祝福なのだと分かります。

踊りは、まず自分に「天」と「地」のエネルギーを通し、浄化しエゴを取り去るところから始まります。ただのエネルギーを通す「筒」になるのです。その神聖なるパワーを、地球上の生きとし生けるものに捧げる——。それが、本来の踊りなのです。

親しい人たちと集まって踊り、生きていく英気を養いましょう!

「横森式ベリーダンス健康法」のレッスンは、「渋谷シークレットロータス」にて。ホームページ：http://yokomori-rika.net/

あとがき

この本を書いていた2016年夏。わずか三カ月前のことだけど、この三カ月で状況はだいぶ変わったと、ゲラを読んでいて実感しました。

私の主催する「シークレットロータス」に春から新しく入ったセラピスト、ヒーリングダンサー、ヨガ講師が育ち、三カ月でそれぞれの夢を明確にするお手伝いができました。

その三カ月の成長ぶりを見ると、やはり今年は尋常じゃない〝宇宙の応援エネルギー〟が動いているなと、思わざるを得ないのです。

今年の始め、懇意のヒプノセラピスト村山祥子さんが、

「2016年は2015年に引き続き激動の年になるから、三カ月先ぐらいの計画しか立てられない」

と言っていたのを思い出します。

村山さんはまた、

「いま、地球のエネルギーは原点回帰。過去のトラウマが噴き出てくることもあるし、失った夢を取り戻すため、大きな決断をする時期でもあります」

とも。離婚、結婚、死別、出会い、自然災害が多いのもそのせいだと。

私が猫をつがいで飼う決意をしたのは2015年でしたが、これも、かつての夢を取り戻すためでした。若かりし頃、ペルシャ猫をつがいで飼って、子猫を三回取り上げたあの幸せ感を、もう一度味わいたかったのです。

先代のヒマラヤンもつがいで飼いましたが、交配には失敗。今回もなかなか妊娠しませんが、まぁ、できなかったらできなかったでいいか、ぐらいの感じで取り組んでおります。

この本にも書きましたが、いい加減なぐらいがちょうどいいのです。夢に向かってワクワクと生きる。そのこと自体が素晴らしく、結果はどうでもいいとも言えるのです。

ふだん、ほとんどの方は勝った負けたの競争社会に生きているわけですから、私生活ぐらい、ゆる〜く、楽しくやりましょうよ。

目標を定めたところで、方向転換はバンバンあっていいのです。

「人生を踊るように生きて行こう」

とタイトルにつけたのは、そういう意味もあります。

踊りもまた、くるくると回りながら、色んな方向に向かって、色んなところで、色んな踊りを踊るのが面白い。動かない一瞬もまた、〝踊り〟のうちです。そんなバリエーション豊かな踊りを踊るためにも、方向転換は大事です。

私も、2016年はジェルネイルをネイリストにやってもらうという新しい体験をしました。が、そのうちネイリストとのアポを取るのが面倒になり、とうとう自分でやるようになってしまったのです。

もちろん、プロにやってもらったほうが綺麗で長持ちしますが、伸びたり欠けたりしたときに、自分で処理できないのも難儀です。折も折、ロータスのネイリストが体調を崩し、療養生活に突入。街場のネイルサロンに行くのも億劫で、自分でやることにしたのです。

タイミングよくアマゾンで、ジェルネイルスターターキットが半額の値段で売られていました。ジェルネイルに必要な基本アイテムが全て可愛い箱に入っていて、12960円!! これは、一回のジェルネイル代に相当します。

使い方DVDもついているので、早速試してみました。

「意外と簡単〜」

とはいって素人ですから、はみだした部分をちゃんと取らないまま硬化してしまい、爪切りで切ったりして、一回目のはすぐ剥げてしまいました。でも、剥げたところですぐやり直せるので、〝おうちネイル〟は助かります!

ネイルをプロ任せにしていると、欠けた、剥げた、というとき、いちいちネイリストとアポを取らなきゃいけないし、やり直してもらえるまで故障した爪を我慢しなきゃなんない。これが苦痛でした。

剥がれたネイルを一本一本修復する際、自分だからデザインも変えられます。自由なのです。スワロフスキーのラインストーンがちょっとしか入ってなかったから、これも追加で50個12色をアマゾンで買いました。３Dアートシールも十枚ついて４８０円！

「自分でやったほうが断然お得♥」

三カ月、プロの仕事を見て来たから、門前の小僧じゃないけど作業工程がなんとなく分かるのもあり、嵌りました!!

日々ネイルの剥がれを発見しては、ゲラを読みながら修復。オフの間にもゲラを読んだりテレビ見たりできるのが、おうちネイルのいいところ。ＬＥＤライトも小型軽量なので、どこでも作業できるのがまた良いのです。

ネイルひとつとっても、三カ月でここまでの変化を遂げるのですから、人生は分からないものです。まだ始めたばかりですが、どんどん上手くなっている自分にも驚きます。

「ふふっ、さすが美大出だわ。手先だけは器用……」

と悦に入る秋の夜長。

みなさまも、日々のささやかなお楽しみを見つけつつ、大きな夢に向かってワクワクとお暮らしください。その道程こそ、人生の醍醐味だと信じて疑いません。

Dance slowly……ですよ♡